節約主婦の今すぐ真似できる1000万円貯蓄

くうちゃん

KADOKAWA

はじめに

忙しくて、面倒なことが苦手なワーママでも「時短節約」ならできる・貯まる・続く

独身時代はお給料の大半を欲しいもの、やりたいこと、行きたい場所など自分の好きなことに使っていました。それは結婚してからも変わらず、お金のことは、働いて稼げばなんとかなると思っていました。が、子どもが生まれて状況が一変。病院勤務の夜勤ができなくなり収入が大きく減ってしまったのです。教育費などこの先、子どもにお金がかかるのに「どうしよう……」と初めてお金の不安を抱えることに。

そんなとき、子どものカゼの診察で行った病院の待合室に

あった主婦向け雑誌をたまたま手に取りました。子育てや仕事に日々追われながらも、節約してお金を貯めている人たちがたくさん紹介されていて、まさに目からウロコ。それまでは「節約をするより稼げばいい」と思っていましたが、私も「節約」にトライしてみようと思いました。

でも試行錯誤で始めた節約は失敗の連続。忙しい、時間がない、疲れている……と言い訳ばかり。ムリな節約でストレスがたまり、ストレス発散のための爆買いをして、かえって支出が増えたことも。

面倒くさがりだから、自分には手間と時間がかかる節約は向かない。そもそも今どきの主婦はみんな忙しい……そう考えてたどり着いたのが、自分流の「時短節約」です。これからの節約は、いかにラクして効率よく支出を減らせるかがポイント。そんな時短節約を実践していくうちに、少しずつお金が貯まり出し、自分には絶対ムリだと思っていた1000万円貯蓄を達成することができました。

この本では、元・浪費家、面倒くさがり、お金の知識ゼロの私でも続けることができた、誰でも今すぐ真似できる節約と貯蓄のノウハウを紹介しています。参考にしていただいて、今日からでも気軽に実践していただけたら、とてもうれしく思います。

CONTENTS

CHAPTER 4

子どもにかかるお金のリアル

CHAPTER 5

一生お金に困らないためのお金との向き合い方

STAFF

構成・取材・文／村越克子

写真／村山玄子・しろっぷ村山（村山写真事務所）

くぅちゃん（P10, 28, 29, 110）

デザイン／マルサンカク

DTP／秋本さやか（アーティザンカンパニー）

校正／麦秋アートセンター

編集／馬庭あい（KADOKAWA）

・本書の情報は2021年6月時点のものです。今後変更される可能性があります。

・本書で紹介している商品は著者私物で、掲載価格は購入時の税込み。販売が終了している場合もあります。

・金融機関、金融商品、サービスなどは著者の実体験に基づいた情報になります。あくまでも情報提供を目的としたもので、特定の商品を推奨するものではありません。詳細は必ず、銀行や証券会社、サービス提供会社などに直接お問い合わせください。

1000万円貯蓄までの 山あり谷あり ヒストリー

くぅちゃんファミリー

くぅちゃん（40歳）

2021年3月末、計18年間勤めた看護師を退職。これまで副業としていたブログ、インスタグラムなどwebの仕事を本業に。

夫（39歳）

ボーナス、退職金なしのベンチャー会社勤務。少年野球チームのコーチを務めるスポーツマンパパ。

長男（12歳）中1

8歳から野球をやっていましたが、中学ではバスケ部に所属し部活に励む日々。

二男（9歳）小4

外では野球とバスケのチームに所属し、家では兄と野球ゲームにハマっています。

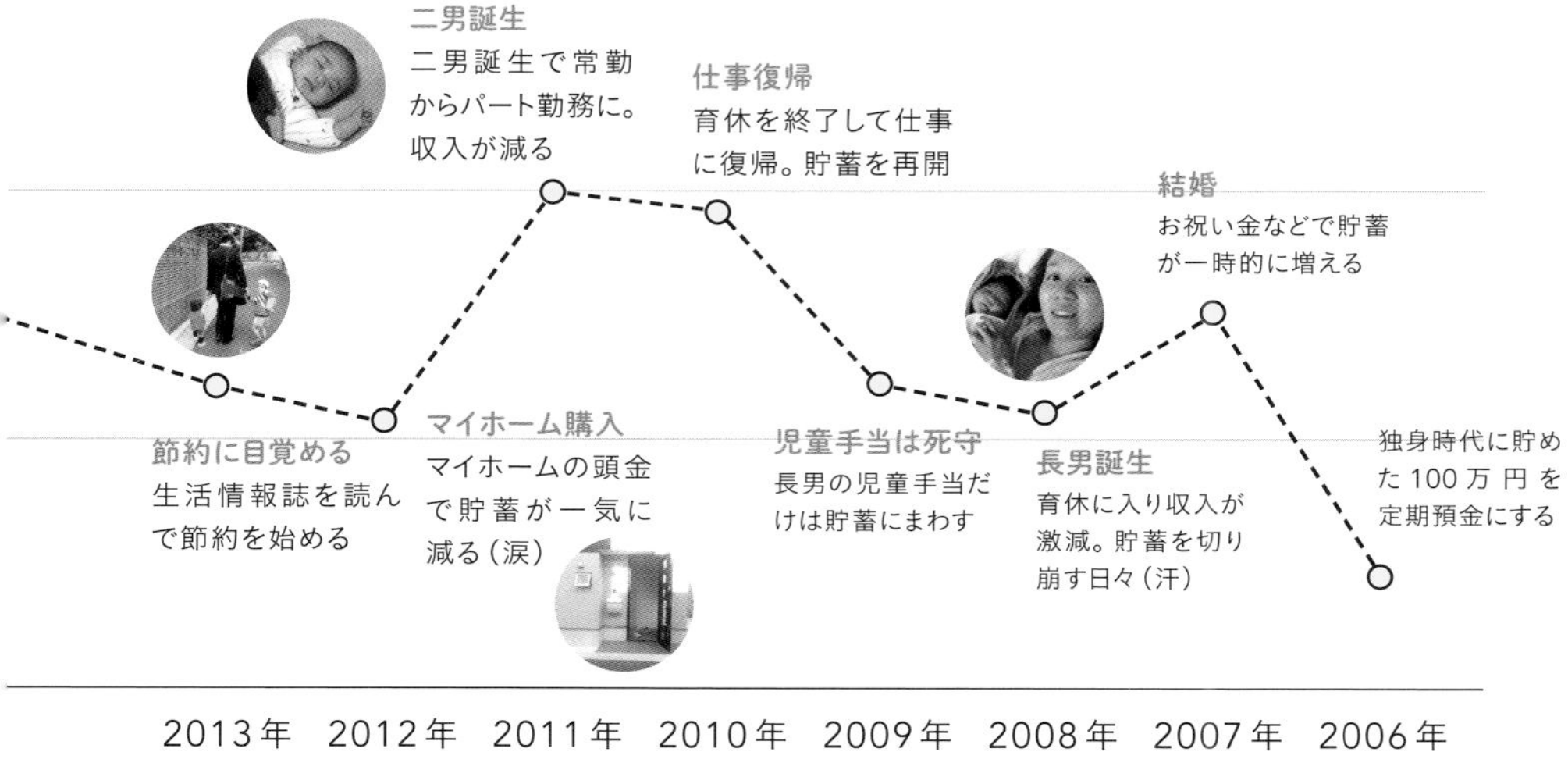
節約に目覚める
生活情報誌を読んで節約を始める
マイホーム購入
マイホームの頭金で貯蓄が一気に減る（涙）
二男誕生
二男誕生で常勤からパート勤務に。収入が減る
仕事復帰
育休を終了して仕事に復帰。貯蓄を再開
児童手当は死守
長男の児童手当だけは貯蓄にまわす
長男誕生
育休に入り収入が激減。貯蓄を切り崩す日々（汗）
結婚
お祝い金などで貯蓄が一時的に増える
独身時代に貯めた100万円を定期預金にする
2013年
2012年
2011年
2010年
2009年
2008年
2007年
2006年

※くぅちゃん家は夫婦別財布なので、貯蓄額はくぅちゃんが自分の担当分で貯めた分、児童手当を貯めた分、学資保険を合わせた金額です。

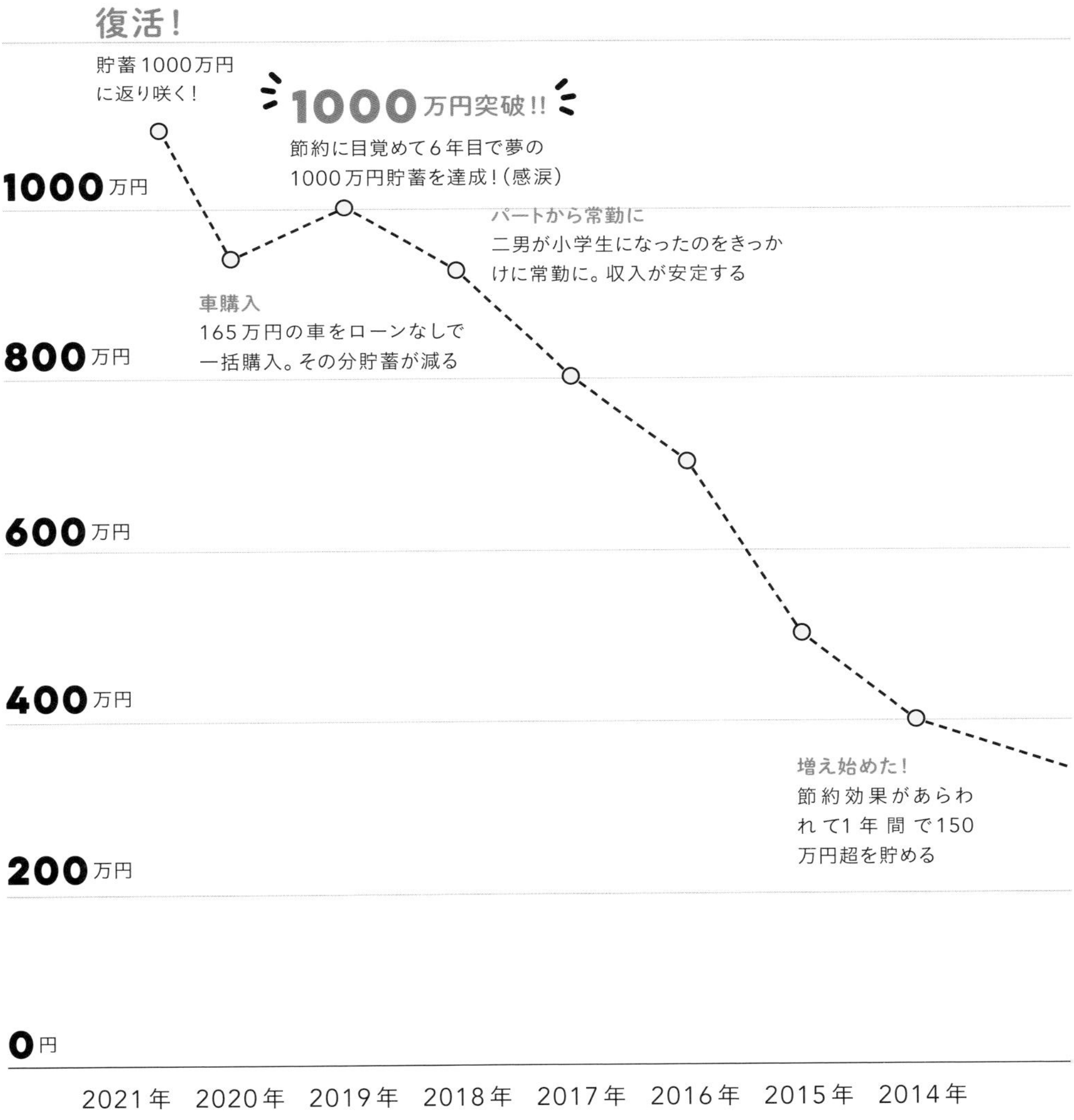

復活!
貯蓄1000万円
に返り咲く!
1000万円突破!!
節約に目覚めて6年目で夢の
1000万円貯蓄を達成!(感涙)
パートから常勤に
二男が小学生になったのをきっかけに常勤に。収入が安定する
車購入
165万円の車をローンなしで
一括購入。その分貯蓄が減る
増え始めた!
節約効果があらわれて1年間で150万円超を貯める
1000万円
800万円
600万円
400万円
200万円
0円
2021年
2020年
2019年
2018年
2017年
2016年
2015年
2014年

くぅちゃんの家計表

くぅちゃん家は夫婦別財布。家計支出は夫婦で
それぞれの分を担当しています。くぅちゃん担当分は主に食費や
日用品費など日々の出費、子どもにかかるお金、
自分の保険料などです。夫担当分についてはP.59参照。

収入

	合計**27**万円
	約22万円
	5万円（夫から）

支出

	合計**13**万**3000**円
やりくり費	合計9万円
食費	4万円
日用品費（レジャー費を含む）	1万円
子ども費（教材費、被服費、その他）	1万円
予備費	1万円
妻こづかい	2万円

固定費	合計4万3000円
妻保険料	2万2000円
スマホ代	1500円
子どもこづかい	1400円
子ども習い事（バスケ・野球・習字）	1万7000円
サブスク代（コードレス掃除機、電動歯ブラシ）	1100円

貯蓄

貯蓄	合計**13**万**7000**円
先取り貯蓄	合計6万1000円
貯蓄性保険積立	5000円
iDeCo	2万3000円
つみたてNISA	3万3000円
残し貯め	7万6000円〜

※「先取り貯蓄」とは1カ月のやりくりを始める前に先に確保する貯蓄のこと。「残し貯め」とは1カ月のやりくりが終わって余った分の貯蓄のこと。

くぅちゃんの1日のタイムスケジュール

6:30　起床、朝食の準備、ついでにトイレをササッと拭き掃除

6:50　家族が起床

7:00　家族が朝ごはんを食べ始める

時短節約ポイント　**朝食は頑張らず定番メニューでよし**

7:30　朝食の後片づけ、洗濯ハンガーに残っている洗濯物をたたむ。昨夜のうちにタイマーをセットして洗濯が終わっている洗濯物を干す。簡単な掃除

時短節約ポイント　**掃除機は3日に1回かければよし**

洗濯も掃除も
パパッと終わらせるよ〜

7:45　夫出社、長男登校

7:50　二男登校

8:00　スマホでドラマを見ながらゆっくり朝食

9:00　ブログ、SNSの更新、ライターの仕事など

仕事は集中して
サクサク片づけます

10:00　買い物をする日は買い物へ

時短節約ポイント　**1週間分の献立が決まっているから悩まない、余計な食材を買わない**

12:00　昼食＆ランチ休憩

13:00 午後からの仕事スタート

時短節約ポイント **仕事の気分転換に夕飯の下ごしらえをちょこっと**

掃除が終わったら、家族が帰って来る前に私が一番風呂!

17:00 洗濯ハンガーを取り込んでカーテンレールにかける。風呂掃除。一番風呂で入浴

18:00 息子2人が帰宅。そのままお風呂へ

時短節約ポイント **私と息子たちが続けて入ってガス代を節約**

下ごしらえしてあるからあとは仕上げるだけ

18:30 夕飯の準備

19:00 夕飯(夫が帰宅していれば一緒に)

19:30 夫が帰宅、入浴、夕飯、夕食の後片づけ

時短節約ポイント **明朝、洗い終わるように洗濯機のタイマーをセット**

21:00 寝室でテレビを見るなど

22:00 就寝

時短節約ポイント **早寝習慣で電気代節約と健康に◎**

CHAPTER 1

「食」を制する者は節約を制する

※価格は購入時の税込みで算出しています。
※電子レンジの加熱時間は600Wを基準にしています。500Wの場合は1.2倍を目安に調整してください。メーカーや機種によって多少差があります。様子を見ながら加熱してください。
※液体を電子レンジで加熱した場合、取り出して混ぜるときに、場合によって突然沸騰する可能性があります（突沸現象）。粗熱をとって、レンジから取り出すなど注意してください。

食材を捨てない工夫で食べ盛りの子がいても食費を抑える

食費が目に見えて増え始めたのは、長男小学生、二男が保育園の年中になってから。お米の消費量が急増しました。ごはんをよく食べるので、おかずや野菜もよく食べます。その結果、お米代だけではなく、おかずの食材費も増えました。

当時は節約に目覚めて2年目ごろのやる気満々の時期で、食費を抑えようとしてムリな節約もしました。食費を減らすことを考えながら買い物をしていると、スーパーのカゴに何か1つ入れるたびにストレスがたまります。買う量が少ないせいでおかずが貧しくなり、ある日、夫が夕飯後すぐにお菓子を食べ始めました。結構ショックでした。夫は何も言いませんが「これって、私が作る夕飯が少ないってこと？」と落ち込みました。

食費は減らすけど量は減らさないとなると、お得な食材を大量に買うしかありません。肉はお徳用パックを買って冷凍。野菜は特売品をまとめ買い。でも使い切れずに肉は冷凍化石化し、野菜はシナシナに。節約しているのに食材を捨てる……自分の頑張りが空回りしていると感じました。そこで先に1週間分の献立を考えてからまとめ買いをするなど、食材をムダにしない工夫を考えるようになりました。

食費を抑えながらも、食べ盛り、育ち盛り、肉好きの息子２人の食欲を満足させています。

曜日ごとのメインおかずを決めれば献立に迷わない

お得な食材を買ってもムダにしたら元も子もありません。お金を出して買った食材を捨てるのはお金を捨てるのと同じ。それに食べ物を捨てるのはココロが痛みます。食材をムダにしないで使い切るには、行き当たりばったりの買い物ではうまくいきません。そこで1週間の献立を先に考えて、それに合わせて食材を買うことにしました。

息子たちが保育園に通っていたころからまとめ買いはしていました。保育園のお迎えをしたあと、子ども連れで買い物をするのは大変だったからです。休日に1週間分をまとめ買いしていましたが、献立とのリンクまでは考えていませんでした。

献立を先に考えるといっても、1週間分をまとめて考えるのはかなり大変です。夕飯作りは、作る作業よりも献立を考える方が面倒くさいもの。そこで献立作りを簡単にするために、曜日ごとにメインおかずのジャンルを決めました。たとえば月曜日は魚の日。「魚」という目安があれば、献立が考えやすくなります。さらに魚料理で自分が作れるものをリストアップ。リストから選べばいいので簡単です。この方法で1週間分の献立作りが断然ラクになりました。

くぅちゃんの1週間の献立ルーティン

月 MON	魚の日	作れるもの アジの塩焼き、サンマの塩焼き、塩鮭の焼き物、サンマのかば焼き、ブリの照り焼き、サバのみそ煮、カレイの煮つけ、カジキマグロのステーキ、刺身、鉄火丼、マグロの漬丼
火 TUE	揚げ物の日	作れるもの 鶏の唐揚げ、チキンカツ、チキンナゲット、豚カツ、エビフライ、コロッケ、ハムカツ、天ぷら、アジフライ、サーモンフライ
水 WED	肉の炒め物、煮物の日	作れるもの 豚肉のしょうが焼き、豚肉のスタミナ焼き、ポークソテー、豚の角煮、肉巻き、チャーシュー、豚肉のサイコロステーキ、ハンバーグ、肉じゃが、麻婆豆腐、鶏の照り焼き、チキンソテー
木 THU	麺の日	作れるもの ラーメン、焼きそば、あんかけ焼きそば、つけ麺、豆乳担々麺、煮込みそば、パスタ（ミートソース、和風、納豆、クリーム、ナポリタン）
金 FRI	一皿ものの日	作れるもの カレー、チャーハン、カレーピラフ、チキンライス、ビビンバ丼、牛丼、スタミナ丼、しょうが焼き丼、グラタン、クリームシチュー
土 SAT	残り物一掃デー	作れるもの 肉野菜炒め、お好み焼き、もんじゃ焼き、たこ焼き、鍋、餃子、チヂミ
日 SUN	リクエストデー	作れるもの 焼き肉、手巻き寿司、ステーキ、しゃぶしゃぶ、すき焼き、ピザ、串揚げ、チーズフォンデュ、シュウマイ

「あともう1品欲しい」ときの最強アイテム

1週間の曜日ごとのメインおかずを決めたことで、献立作りがかなりラクになりましたが、献立はメイン1品だけというわけにはいきません。息子たちがおかずをたくさん食べるようになってからは、メインだけではお腹いっぱいにならず、サブも何品か必要になりました。でもこのサブを考えるのが、また面倒くさい！

時間と気力に余裕があればサブにも力を入れられますが、私にはその余裕がありません。それでつい仕事帰りにスーパーに寄って市販の総菜を買ったり……。これではまとめ買いのルールが崩れてしまいます。

そこで手頃な食材で簡単に用意できるサブメニューを考案。時間も気力も最低レベルのときは、「豆腐や納豆など「出すだけ」のもの。ちょっと頑張って、トマトやチーちくなど、食材を切って出すものもありますが、火を使わないからラク。少し余裕があれば、食材は1種類で火を使ったもの。肉や野菜をゆでてポン酢やマヨネーズをかけただけでも立派な1品です。ごはんのお供を作りおきしておくことも。市販のふりかけやのりの佃煮よりは〝おかず感〟があります（笑）。手間をかけずに〝サブおかず問題〟を乗り切っています。

出すだけ de 1品

○豆腐

1丁（300g）を切らずに器に盛るだけ。スプーンを添えて各自が食べたい分を取ります。しょうゆとおかかをかけるほか、揚げ玉とめんつゆをかけた「たぬき豆腐」が人気です。

○納豆

洗い物を減らすためにパックごと出します。夫はキムチや豚そぼろ、ごま油を入れてごはんに混ぜて韓国のりで巻いて食べるのが好物です。

○もずく

パックごと食卓に出します。夫は封を開けて、飲み物のように飲み干します（笑）。味がついているので、本当に「出す」だけで1品に。献立に盛り込みにくい海藻が摂れるのも○

○トマト

トマトが旬の時期は、「あと1品」にトマトが頻出。冷蔵庫で冷やして、切って塩をふっただけの「冷やしトマト」をサラダの代用に。トマトの赤で食卓がちょっぴり華やぎます。

○チーちく

ちくわの穴にチーズを切って入れるだけ。チーズが少しだけ余っていて賞味期限切れになりそうなときや、ちくわが安かったときに作ります。お弁当のすき間埋めにもジャスト。

○魚肉ソーセージ

一番手軽な肉系おかず。そのまま出して各自が封を切って食べます。手間ゼロですが家族の好物で、二男はお腹が空いたときは、これをかじってごはんができるのを待っています（笑）。

1食材de1品

※作りやすい分量

○もやしのナムル

もやし1袋をゆでて水けをよくしぼります。ごま油大さじ1、塩小さじ1/2を加え、うまみ調味料をひとふり。もやしはゆでて水けをしぼるとかさが減るので、1回で1袋を食べ切れます。

○れんこんチップス

れんこんを厚さ2～3㎜の薄切りにし、酢水につけてアクをとります。キッチンペーパーで水けを拭き取り、素揚げして熱いうちに塩をふります。子どものおやつにもオススメです。

○おかかこんにゃく

こんにゃく1枚を食べやすい大きさに切り、フライパンにごま油大さじ1を熱して炒め、酒大さじ1、めんつゆ大さじ2、おろしにんにく少々を加えて、仕上げに白ごまをかけます。

○無限ピーマン

種もヘタも取らずにそのまま千切りにしたピーマン5個分にごま油大さじ1、鶏ガラスープの素小さじ1、黒こしょう、おかか、白ごま（各適量）をふって電子レンジで2分加熱。

○ごぼうのきんぴら

めんつゆと砂糖で味つけします。ちょっと甘めで息子たちに人気。作りおきにもなるので、少し多めに作って2～3日使いまわします。お弁当のおかずにも最適です。

○鶏皮ぽん酢

チキンカツを作るときにはずした鶏皮をゆで、小さく切ってポン酢ときざみ万能ねぎをかけます。お酒のおつまみに最適の1品。鶏皮をムダにしないで食べ切ることができます。

ゆでるだけ de 1品

○スナップエンドウ

スジを取って塩ゆでに。シャキッとした歯応えを残したいときは短めに、柔らかい食感にしたいときは少し長めにゆでます。マヨネーズを添えたり、中華ドレッシングも○

○ゆで卵

殻をむいて半分にカットして塩をパラリ。そのままマヨネーズをつけて食べたり、潰してマヨネーズを混ぜて簡単卵サラダにしたり。肉や魚の量が少ないときのタンパク源に。

○豚しゃぶ

沸騰したお湯にしゃぶしゃぶ用豚薄切り肉を入れてサッとゆで、冷水にとります。器に盛り、ポン酢をかけてきざみ万能ねぎを散らします。メインが魚のときによく作る1品です。

ごはんのお供だち

○かぶの葉のふりかけ

かぶ3個分の茎と葉をきざんでごま油大さじ1で炒め、めんつゆ大さじ2、和風だしの素小さじ1/2を加えて混ぜ、かつお節と白ごまをふります。かぶの葉をムダなく食べ切り。

○鮭フレーク

塩鮭を焼いてほぐします。温かいごはんにかけるとおいしい。お茶漬けにしても、おにぎりの具にもしてよし。保存容器に入れて、冷蔵保存で3〜4日保存できます。

○肉そぼろ

フライパンで豚ひき肉300gを炒めて、しょうゆ大さじ3、砂糖大さじ1で味つけ。温かいごはんだけではなく、豆腐の上にのせてもおいしいです。豆乳担々麺の具にも活用。

食材の使い切りを優先して献立を考え、足りないものだけを買う

左のページは私が考案したオリジナル献立表です。

「1週間の献立を先に考えて、それに合わせて食材を買う」と前述しましたが、実際には、まず家に「あるもの」で作れる料理を考えて、足りないものを買い足すようにしています。「買うより先に、あるものを食べろ！（笑）」が私の献立作りのルールです。

献立表作りは冷蔵庫の在庫チェックから始まります。「あるもの」を書き出したら、次にそれらで作れるものを考えます。パズルのピースを組み合わせるようなゲーム感覚で、献立表にどんどん書き出していきます。献立表内の●があるもので作れるものですが、意外とたくさんあるんですね。

在庫を使い切るメニューを書き込み終わったら、そこからが「食べたいもの」の登場です。日曜日は「リクエストデー」なので、家族に食べたいものを聞きます。そして最後に、新たに買うものを付せんにメモして買い物メモを作成。これが私の「ひとり献立作戦会議」です。在庫を優先的に消費することで食材をムダなく使い切ることができ、新たに買うものが少なくて済むので食費節約には効果抜群です。

くぅちゃんのリアル献立表

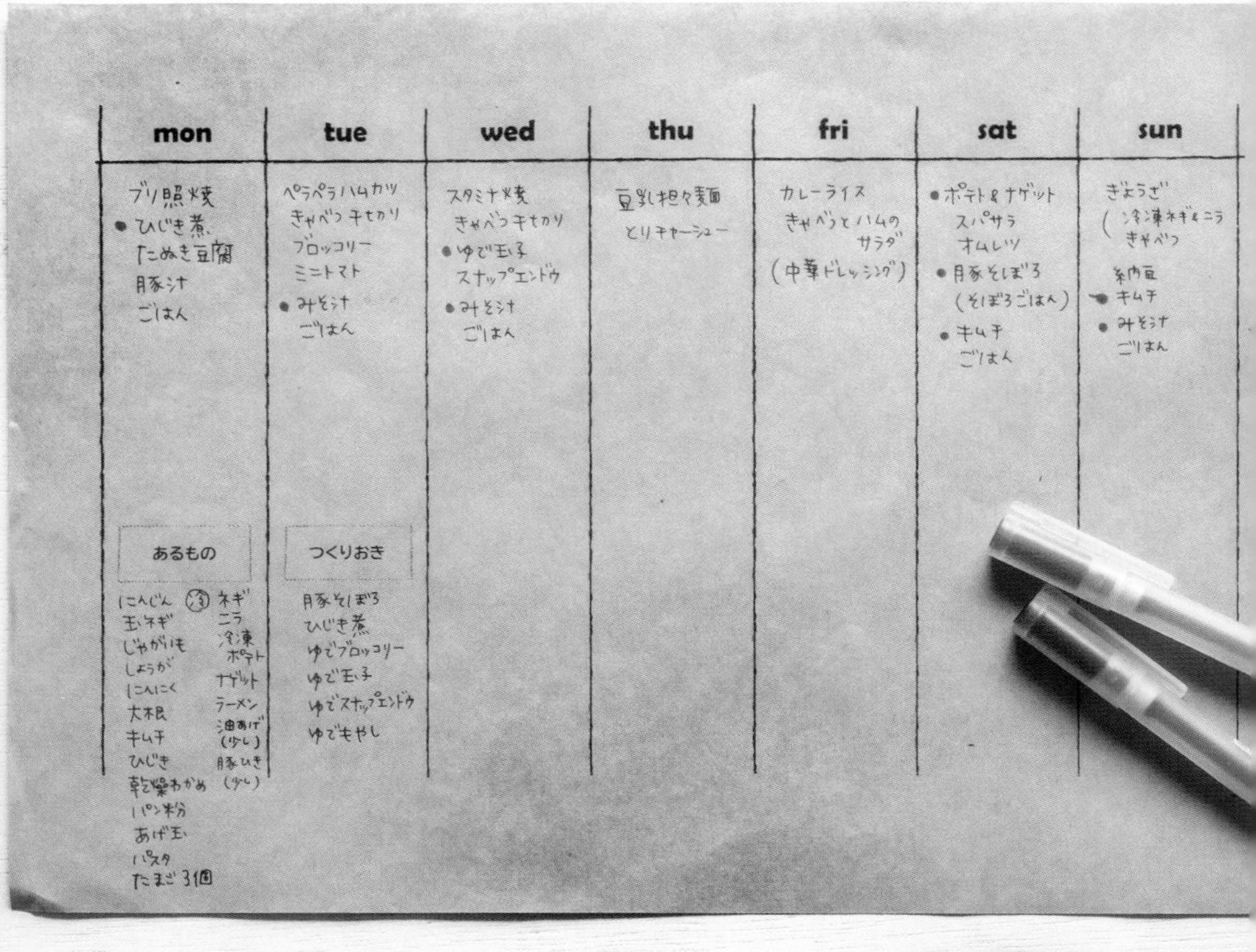

冷蔵庫の在庫をチェックして、「あるもの」で作れるものを考えます。●をつけたものが、あるもので作れるメニュー。新しく食材を買う必要がないので節約になるし、フードロスにも役立ちます。

買い足すものだけを付せんに書き出して買い物メモを作ります。付せんをスマホにつけて買い物にGO!

くぅちゃんの1週間のまとめ買い、全部見せます

P.27の献立表に
基づいて
まとめ買いした食材です。

1週間分のメインになる肉と魚。

買い物メモにある野菜だけを買います。安売りになっていると買いたくなりますが、野菜はほとんど冷凍保存しないので1週間で使い切れるものだけを買います。

その日安かったり、予算が余ったりしたときに買います。今回はアイスとイチゴが安かったので買い、余った予算でたらこを購入。

牛乳、ウインナー、ハム、食パン、卵は毎週必ず買います。

豆腐、油揚げ、納豆の"大豆三兄弟"はレギュラー食材。

木曜日の豆乳担々麺用の豆乳、金曜日のカレー用のルウ、日曜日の餃子用の皮など今週の献立用に特別に必要なものを購入。

くぅちゃん推し 業スーの神アイテム7

業務スーパーの魅力は安さだけではありません。普通のスーパーにはない
ちょっと珍しいものに出会えます。おいしかったものは常備品に採用！

ポテト 1kg

264円 ※価格は購入時の税込み。
販売終了になっているものもあります。

冷凍のまま揚げてフライドポテトにしたり、レンチン＆マッシュしてポテサラやコロッケに。皮をむいてゆでる手間が省略できます。じゃがいもが高いときに代用して節約にも。

タラチャンジャ 300g

537円

自然解凍後、保存容器に入れてごはんのお供に。冷蔵で約1カ月保存可。辛い物好きの夫の大好物で1週間も持たずに食べ切ります。毎晩、夫婦で晩酌するのでおつまみにも大活躍しています。

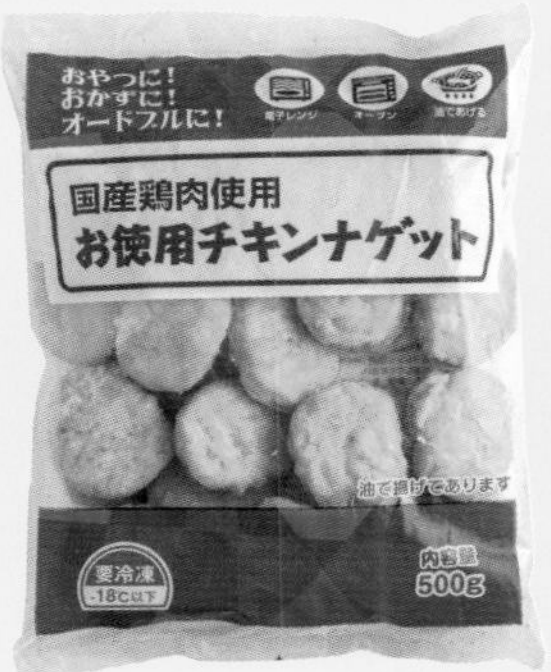

チキンナゲット 500g

375円

人気ファストフード店のチキンナゲットに味が似ているので息子たちに大人気です。おかげでファストフード店に行く回数が減りました。冷凍のまま揚げるだけで手間いらず。

WHOLESALE MARKET

あらびきウインナー 320g
428円

ウインナーは朝昼晩3食、どこでも登場。焼いただけでもおいしいですが、ナポリタンの具、ホットドッグ、じゃがいもと一緒に炒めるジャーマンポテトも◎

マグロのたたき 250g
537円

きざみ万能ねぎを混ぜ、ごはんにのせてネギとろ丼にしたり、サーモンの漬けと合わせて2色丼にしたり。うちパの手巻き寿司や節分の恵方巻にも登場します。

焼きそば 1kg
159円

息子たちが1人分を食べるようになり、3袋入りの焼きそばでは足りなくなったのでこれに。木曜日の「麺の日」には、ホットプレートで4人分をいっぺんに焼いてラクしています。

パンナコッタ 1kg
297円

卵アレルギーでプリンなどのスイーツ系が食べられない長男が、「これなら食べられる!」と喜んで食べます。業スーの冷凍ホイップをモリモリにのせて食べるのが好きです。

給料日前の家計を救う
1人分＝100円台レシピ

食費予算は月4万円以内。給料日前の週にピンチになったときは100円台レシピが登場。安上がりでも貧しく見えないように工夫します。

1人分＝120円

◎ ペラペラハムカツ

作り方 1人分

ロースハムを2枚重ねて、水溶き小麦粉とマヨネーズを混ぜたもの→パン粉の順につけて揚げます。お肉を買うお金が残っていないとき、ペラペラハムでもフライにすれば肉好き男子も大満足☆

◎ 冷やし豆乳担々麺

作り方 1人分

ボウルに豆乳200㎖、めんつゆ大さじ1、みそ小さじ1、鶏ガラスープの素小さじ1/2を入れて、よく混ぜてスープを作り、冷蔵庫で冷やします。ラーメンの生麺を表示通りにゆでて流水で洗います。器にスープを注ぎ、ゆでた麺を入れ、肉そぼろ（作り方はP.25参照）、きゅうりの千切り、トマトなどをトッピング。大人はラー油をかけると◎

1人分＝180円

◎ 発酵なしのクリスピーピザ

作り方 1枚分

ボウルに小麦粉50g、強力粉60g、サラダ油大さじ1、塩ひとつまみ、ベーキングパウダー小さじ1、水60mℓを入れてこねて生地を作ります。クッキングシートの上に生地を広げて、ケチャップ大さじ3、おろしにんにく（チューブ入り可）小さじ1、しょうゆ小さじ1を混ぜたソースを塗ります。その上に、ツナ缶（70g）、スライス玉ねぎ1/4個分、さいの目にカットしてレンチンで加熱したじゃがいも1/2個分、4等分にカットしたミニトマト2個分をのせ、マヨネーズ、ピザ用チーズをかけ、200℃のオーブンで約20分焼きます。チーズが溶けて焦げ目がついたら完成。

◎ カレーうどん

作り方 4人分

中途半端に余った豚肉を使って作ります。肉を炒め色が変わったら、薄切り玉ねぎ、細切り大根を入れてさらに炒めます。水800mℓを入れて具材に火を通し、カレールウ4かけを入れて煮込み、仕上げにかつお節パック2袋（4g）、しょうゆ大さじ1を入れて完成。ゆでたうどんにかけて食べます。

肉好き男子3人の胃袋を満たす
肉肉肉メニュー

「リクエストデー」には肉料理を大皿でド〜ン。思わず歓声が上がり、作り甲斐があるというものです。わが家の定番肉メニューをご紹介☆

#01_MEAT DISH

豚の角煮

作り方 4人分

1. 電気圧力鍋に豚バラブロック1本(約600g)、ねぎの青い部分2本分、しょうが1かけ、かぶるくらいの水を入れて15分加圧します。
2. 浮き圧力弁が下がったらゆで汁を捨て、いったん豚肉を取り出して、鍋についたアクや脂を洗い流します。
3. 食べやすい大きさに切った肉を鍋に戻し、酒60㎖、しょうゆ60㎖、みりん30㎖、砂糖大さじ2、水100㎖を入れて10分加圧。圧が下がったら完成!

#03_MEAT DISH

豚ロース厚切り肉のにんにく焼き

作り方 4人分

1. 豚ロース2枚（約300g）はスジを切り、包丁の背で軽く叩いて、塩、こしょう、片栗粉（各適量）をまぶします。にんにく1かけは薄切りにします。酒大さじ2、しょうゆ大さじ2、みりん大さじ2、砂糖小さじ1を混ぜて合わせだれを作ります。
2. フライパンにサラダ油大さじ1を熱して、にんにくを入れてきつね色になるまで炒めて取り出します。
3. 同じフライパンにサラダ油大さじ1を熱して、1の豚ロース肉を焼き火を通し、取り出してひと口大にカット。
4. 肉をフライパンに戻し、1の合わせだれをからめて煮詰めます。器に盛り、にんにくを散らします。

#02_MEAT DISH

鶏もも肉の照り焼き

作り方 4人分

1. 鶏もも肉2枚（約500g）は厚みのある部分に包丁で切り込みを入れて、厚さをそろえます。長ねぎの白い部分1本分を長さ2～3㎝に切ります。酒大さじ2、しょうゆ大さじ2、みりん大さじ2、砂糖大さじ1を混ぜて合わせだれを作ります。
2. フライパンにサラダ油大さじ1を熱し、鶏もも肉の皮面を下にして焼きます。皮目に焼き色がついたら、ひっくり返して両面を焼きます。長ねぎも入れて炒めて焼き色をつけ、フタをして中火で蒸し焼きにします。
3. 肉に火が通ったら、1の合わせだれをからめて煮詰めます。

3大激安肉を使いまわして
食費をおいしく節約

肉好き家族を満足させるために欠かせないのが"激安肉"。
わが家の定番肉はこの3つ。調理法や味つけを変えれば食べ飽きません！

こねて焼けば敵なし！

豚ひき肉

サイコロステーキ

作り方 4人分

1. 豚ひき肉500gに片栗粉大さじ1、塩小さじ1/2、こしょう少々を加えてよくこねます。
2. 肉を固めるように発泡トレーに押しつけ、包丁で縦横に切れ目を入れて、1個分を成形してフライパンで焼きます。
3. 肉の色が変わって火が通ったら、焼肉のたれ大さじ4をからめます。

発泡トレーの上でこねて洗い物を減らします

↓

包丁で縦横に等間隔で切れ目を入れます

↓

1コマ分ずつを成形して焼きます

豚ひき肉の使いまわし

- 餃子
- シュウマイ
- 豚ひきハンバーグ
- キーマカレー

使いまわし肉のキング

豚こま肉

豚こま焼きおにぎり

作り方

1. 普通におにぎりを作り、豚こま肉を生のまま巻きつけて、油をひかないフライパンで焼きます。
2. 肉の色が変わって火が通ったら、焼肉のたれをからめて完成。

豚こま肉の使いまわし

- 豚こま豚カツ
- 野菜の肉巻き
- 肉野菜炒め
- 冷凍ポテトの肉巻きフライ

激安肉といえばコレ！

鶏胸肉

鶏チャーシュー

作り方 4人分

1. 鶏胸肉2枚（約500g）は、1枚ずつ丸めて巻き終わりを楊枝で3カ所くらい留めて円柱形にします。
2. 鍋に鶏胸肉、長ねぎの青い部分を1本分、しょうゆ150mℓ、みりん100mℓ、砂糖大さじ3、酢大さじ1/2、おろししょうが小さじ1/2、水100mℓを入れて中火にかけ、沸騰したら弱火にして、肉を転がしながら全面を各約2分ずつ加熱します。
3. 火を止め、フタをして煮汁が冷めるまでそのままにして、肉に味をしみ込ませます。

鶏胸肉の使いまわし

- チキンカツ
- 鶏ハム
- 塩こうじ漬け焼き
- 鶏天ぷら

食費が5000円減る!?
冷蔵庫収納のコツ

食品ロスを出さないようにするには冷蔵庫収納がカギ。
庫内全体を見渡せるように、食品を入れるのがポイントです。

冷蔵室

手も目も届きにくい上段には賞味期限が比較的長いものや、息子たちに見つけられたくないお菓子などを。

チューブ入り薬味はドアポケットにクリップで留めます。ストックのあるものには目印をつけてダブり買いを防止。

仕切りを１段はずして、麦茶を入れたウォータージャグを入れています。

一番取り出しやすい中段には作りおきを。透明の容器に入れて、横から見て何が入っているかすぐわかるようにして食べ忘れを防止。

残ったカレーなどが鍋ごと入るように下段は空けておきます。

使いかけの野菜はラップに包んでここに。カゴに入れてまとめるより、この方が目につきます。卵用ケースをなくして、卵はパックごとIN。

冷凍室

きざんで保存袋に入れたねぎや油揚げはカゴにまとめて、立てて入れます。

みそは冷凍室に入れると発酵が止まっておいしさがキープ。凍ることはありません。

暑がりの男子たち用にアイスパックは欠かせません。

野菜室

底が汚れないように野菜は大きめの紙袋に入れています。買い物でもらった紙袋なので、ヘタってきたら気兼ねなく交換。

息子たちの「お腹空いた〜」にすぐに応えられるようお餅を常備。

息子たちに見つからないようにチョコを隠しています(笑)。

もやしは袋から出し、保存容器に入れて水を張ると長持ちします。

使いまわし度抜群の
たれ＆つゆ

使いまわしがきく「たれ＆つゆ」のレシピがあると、なにかと便利。
肉、野菜、麺などなんでもOKで、家にある定番調味料で作れます。

※分量は作りやすい量。

焼き肉のたれ

作りおきOK

合わせる調味料
しょうゆ … 90mℓ
砂糖 … 大さじ3
みりん … 大さじ3
ごま油 … 大さじ2
酒 … 大さじ1
白いりごま … 大さじ1
おろしにんにく … 小さじ1
おろししょうが … 小さじ1/2
コチュジャン … 小さじ1/2

これに使える

- チャーハンの味つけ
- サイコロステーキの味つけ
- プルコギなどの肉の下味

中華ドレッシング

作りおきOK

合わせる調味料
しょうゆ … 60mℓ
酢 … 30mℓ
ごま油 … 30mℓ
砂糖 … 小さじ2
白いりごま … 適量

これに使える

- 春雨サラダ
- 大根サラダ
- 餃子のたれ

スタミナ焼きのたれ

合わせる調味料
しょうゆ … 大さじ2
酒 … 大さじ1
みりん … 大さじ1
おろしにんにく … 小さじ1/2

これに使える

- 肉野菜炒めの味つけ
- 焼きうどんの味つけ
- 焼きそばの味つけ

にんにくマヨソース

合わせる調味料
マヨネーズ … 大さじ2
白ごまのすりおろし … 大さじ1
ごま油 … 大さじ1
チューブ入りにんにく … 小さじ1/4
塩 … ひとつまみ

これに使える

- ゆで野菜につけるディップ
- ベーコン＆千切りキャベツのホットサンドの味つけ
- じゃがいものグラタンの味つけ

くぅちゃん特製つけ麺だれ

合わせる調味料
めんつゆ … 100mℓ
ごま油 … 小さじ1
酢 … 小さじ1
ラー油 … お好みで

これに使える

- 肉そばのつけだれ
- 冷やし中華のたれ
- そうめんのつけだれ

ワザワザ買わなくても作れるもの

「買うもの」と思い込んでいるものが、家にある材料を使って
意外と簡単に作れたりします。買わずに済めば食費節約にも○

ホットケーキミックス

作り方　小4枚分

ボウルに砂糖40g、コーンスターチ大さじ1、ベーキングパウダー小さじ3、塩ひとつまみを合わせて、全部で200gになるように薄力粉を足してよく混ぜます。

練乳

作り方　作りやすい分量

耐熱容器に牛乳200㎖、砂糖50gを入れ、ラップをしないで600Wの電子レンジで10分加熱したあとよくかき混ぜます。さらに6分加熱して混ぜる→2分加熱して、冷蔵庫で冷やすとトロリとして練乳のあの味に。

きゅうりのしょうゆ漬け

作り方　作りやすい分量

きゅうり2本は薄い輪切りにして、塩ひとつまみをふって30分ほどおきます。鍋にしょうゆ150mℓ、砂糖50g、酢25mℓを入れて沸騰させ、水けをしぼったきゅうりとしょうがの千切り適量を入れて、再沸騰させて火を止めます。常温になるまで冷まし、冷めたらきゅうりとしょうがを取り出し、煮汁を再々沸騰させてからきゅうりとしょうがを戻します。

なめたけ

作り方　作りやすい分量

えのきだけ1パックは根元を切り落として半分に切ります。鍋にえのきだけ、しょうゆ30mℓ、みりん30mℓ、砂糖大さじ1/2、和風だしの素少々を入れて強火で煮詰めます。汁けがなくなれば完成。冷まして味をなじませてからどうぞ。

野菜の浅漬け

作り方　作りやすい分量

水50mℓ、酢大さじ1、砂糖大さじ1/2、しょうゆ小さじ1、塩小さじ1、和風だしの素小さじ1、かつお節1/2パック（1g）を混ぜ、ザク切りキャベツや乱切りきゅうりなど加えて、30分程度おいて味をなじませます。

ヨーグルトはヨーグルトメーカーを使って牛乳1本分の量をいっぺんに作ります。

朝ごはんは頑張らなくても定番メニューでOK！

わが家では朝ごはんは頑張りすぎず、定番メニューにしています。夫の朝食はヨーグルトとコーヒーが決まり。ヨーグルトは毎朝のこととなると、それなりに食費がかかるので自家製にしています。私の朝食はトーストとヨーグルトと前日の残り物です。

週末はホットプレートを皆で囲んだり、サンドイッチを作ることもあります。キャベツの千切りなどの野菜や、ハムを入れるだけで簡単。余った食材も無駄にならず、おいしくて大好評です。

朝食を定番化すれば、用意しておく食材がほぼ決まります。わが家の場合は食パン、牛乳、野菜、ハム、チーズくらいでOK。ラクなだけではなく、余分に買いすぎることもなく食費節約に役立っています。

ちょっといい調理器具でお得においしく

食費は節約していますが家族がモリモリおいしそうに食べる姿を見ると、気持ちがほっこりするのでごはんを作るのは好きです。なので、調理器具には関心があります。

以前、ホットサンドメーカーを買ったことがあります。前から欲しくて、たまたま安く売っているのを見つけて即購入。が、実際に使ってみるとサイズがビミョーに小さくて、食パンの耳を切らないと入らず、使い勝手が悪くてそのうち使わなくなりました。

それが、昨年末、またホットサンドメーカーを買いました。外食を控えているので、おうちランチを楽しくしようと思ったからです。前のものより高価でしたが、できあがったホットサンドは、外はサクッ、中はフワッ！　段違いのおいしさです。ワッフルも作れて息子たちも大喜びで、十分元が取れています。

ル・クルーゼの鍋は高い買い物でしたが先行投資のつもりで購入。肉じゃが、カレー、シチューなどの煮込み料理はある程度火が通ったら余熱調理に。じっくり火が入るのでお肉が柔らかく仕上がり、ガス代が節約できてダブルメリット。いい調理器具は、初期投資はかかっても、いつもの食材で作った料理がおいしくなり節約効果も優秀です。

ママがラクできる、
家族が喜ぶ“うちパ”メニュー

土曜日は「残り物一掃デー」、日曜日は「リクエストデー」。“うちパ”風に演出すれば、いつものおかずでも、手頃な食材でも食卓が盛り上がります。ポイントは品数を多くしていろいろ食べられることと、作りながら食べる“参加型”にすること。

○残り物バイキング

揚げ物はトレーごと、サラダはボウルごとド～ンと出します。「出すだけde1品」になるおかずをプラスしてバイキング形式に。男どもは見た目を気にしないし、洗い物が少なくてラクできます☆　左上から時計まわりに：キムチ、ゆでたブロッコリー、れんこんチップス、業スーのチキンナゲット、業スーの冷凍ポテトで作るコロッケ、ミニトマト、なめたけ、ゆで卵、納豆、スパサラ。

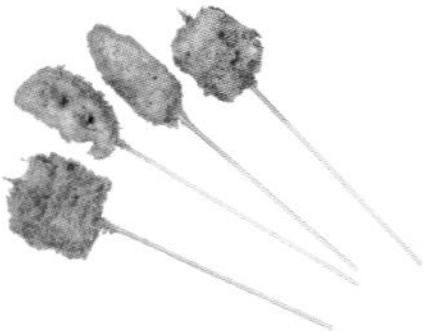

○串揚げ

最近、卓上で揚げ物ができる「マルチポット」を買いました。これで串揚げをするのがわが家のブーム。具は豚ヒレ肉、グリーンアスパラ、れんこん、エリンギ。

野菜はゆでる順番をチョイ工夫して時短でおいしく

25ページでご紹介した「ゆでるだけde1品」の野菜のゆで物は、その都度、ゆでる場合もありますが、何種類かの野菜をまとめてゆでて作りおきにする場合もあります。

そういう場合は、1回沸かしたお湯を使いまわして、何度も沸かす手間を省略。1回のごはん作りで複数の野菜をゆでる場合も同じです。ささやかではありますが、ガス代と水道代の節約にも貢献します。

1回沸かしたお湯を流用する場合は、野菜をゆでる順番がポイント。基本はアクやゆで汁の濁りが少ない野菜からゆでていきます。アクがお湯に溶け出したり、お湯が濁ったりすると、次にゆでる野菜をおいしくゆでることができません。

また野菜には水からゆでた方がいいものと、お湯からゆでた方がいいものがあります。基本は「根のものは水から、葉のものはお湯から」。大根やじゃがいもなどの根菜類はお湯からゆでると、表面だけ先に火が通って煮崩れしやすくなります。一方、ほうれん草、小松菜などの葉物野菜は沸騰したお湯でサッとゆでると色よくゆで上がります。ゆでる順番と、「水から、お湯から」を工夫することで野菜がおいしくいただけます。

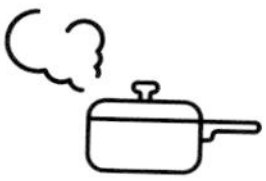

野菜のアクの強さと ゆでたときのお湯の濁り具合

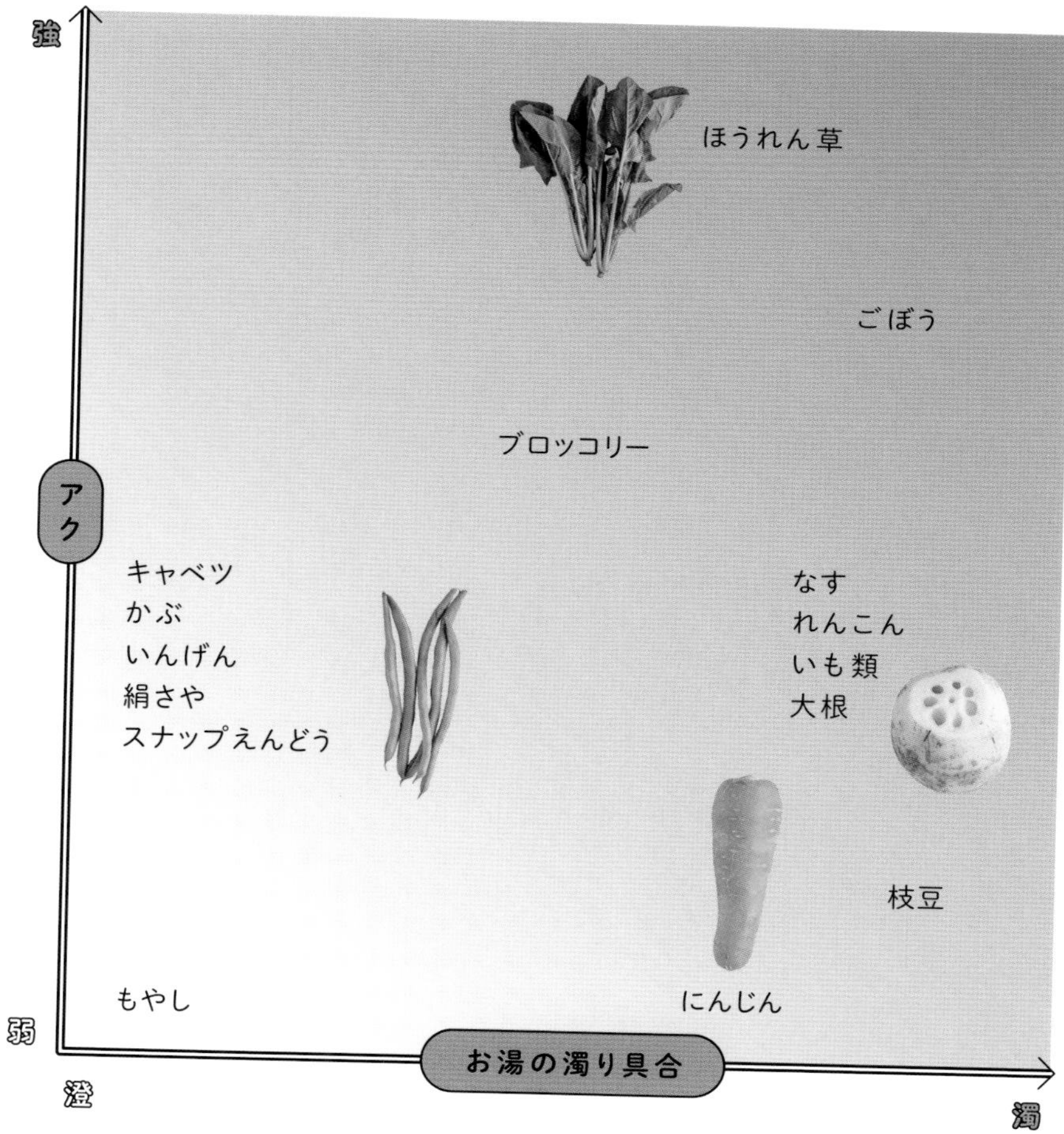

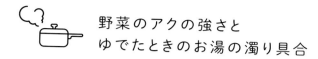

フライパンの中でこねる豚ひき肉
ハンバーグとマカロニサラダの献立。

時短調理は段取りが9割

息子たちが保育園に通っていたころは、お迎えをして帰宅して、それからごはん作り。お腹を空かした息子たちは待ったなしなので、とにかく手早く作らなければなりませんでした。ワーママの皆さんが、日々、奮闘していることだと思います。

当時の私が、毎日てんてこ舞いしながらたどり着いた結論は、調理時間を短くするには段取りがカギということ。お湯が必要な場合は一番に水を入れた鍋をコンロにかける、ニオイの少ない野菜から先に切ってまな板を洗う回数を最小限にする、フライパンも洗わずに使いまわせるように調理の順番を考える……など。時間だけではなく水道光熱費も節約できます。

今日の夕飯の献立を見たとき、サッと頭の中でシミュレーションしてから作り始めます。

20分でメインとサブの2品

サブ
マカロニサラダ（4人分）

START

0分

①マカロニをゆでるお湯を沸かす

②きゅうり、ハム、玉ねぎを切る

きゅうり1本は輪切りに、ハム4枚は約1cm角、玉ねぎ1/2個はみじん切りにします。この順番で切ればまな板にニオイがつかず、途中で洗う手間が省けます。

5分

③沸騰したお湯にマカロニを投入

マカロニ100gを表示通りにゆでます。

10分

⑤マカロニサラダを仕上げる

ゆで上がったマカロニをザルにとってお湯を切ったら、鍋に戻します。

鍋に①のきゅうりとハム、マヨネーズ大さじ5、塩こしょう適量を入れます。鍋の中で混ぜることで洗い物を1つ省略。

15分

メイン
フライパンの中でこねる豚ひき肉ハンバーグ（4人分）

④フライパンの中で豚ひき肉をこねて成形します

フライパンに豚ひき肉400g、みじん切りにした玉ねぎ、牛乳大さじ2を混ぜたパン粉10g、塩こしょう少々、ナツメグ適量を入れます。

フライパンの中でこねれば、脂でベトベトになったボウルを洗わずに済みます。

4等分に成形して両面焼きます。ハンバーグが半分浸かるくらいの水を入れフタをして蒸し焼きにします。

⑥ソースを作る

フライパンに残った肉汁にケチャップ大さじ4、ウスターソース大さじ2を加えて、焦がさないように弱火で加熱。フツフツしてきたら完成！

20分

FINISH

プチプラでも〝映える〟食器選び

食器を選ぶときは、料理サイトやSNSにアップされている料理写真を見て、使用されている器を参考にしています。器がステキだと、料理が間違いなく映えます。もっというと、多少、料理がしょんぼりでも、器がいいとおいしそうに見えることもあるんですね。自分の料理写真をインスタにアップしているので、「器のおかげで3割増しに映えてる！」と思うこともあります。

でも高価なお皿はなかなか買えないので、ニトリや100円ショップで似たようなものを探して買っています。どれも500円以下です。なかにはメーカーのプレゼントキャンペーンで、商品についているシールを集めて応募してもらったものもあります。

柄つきよりも、料理の邪魔をしない無地の器の方が盛りつけやすく、また、わが家のダイニングテーブルは茶色なので白い器が映えます。白は主張しないので、どんな料理にも合って使い勝手がいいです。

作家さんが創作した器にもあこがれますが、家族は「器よりおかず」なので（笑）、今はリーズナブルな価格で使い勝手のいい器を選んでいます。

ダイソーで買った
楽天で買った
おまけでもらった
ニトリで買った
セリアで買った
ニトリで買った
おまけでもらった

「JIM BEAM」を4ℓ入りの業務用サイズで楽天市場で購入(5986円)。

食費を〝おびやかす〟酒代の節約法

夫婦そろってお酒好きなので、毎晩、晩酌しています。となると問題は酒代。どんなに食費を節約しても、酒代がかさんでは元も子もありません。

以前は、新ジャンルのビールや缶チューハイを飲んでいましたが、月に1万5000円超のことも。これではアカン！とビールをやめて、焼酎を瓶で買い、炭酸水で割って飲むことにしました。

さらに大量まとめ買いの方が割安だと、普通サイズの瓶入り焼酎をやめて、業務用の大容量ウイスキーに変更。そのままの容器だと味気ないので、4ℓ入りのペットボトルからウイスキーボトルに移し替えて、雰囲気は大事にしています（笑）。これなら心置きなくハイボールで乾杯！　おかげで酒代が減り、楽天市場で買うのでポイントも貯まり一挙両得です。

食費節約

今すぐ真似できること

- ☑ 買い物前に在庫をチェックする
- ☑ 1週間分のメインおかずをザックリ決める
- ☑ 買い物メモを作る
- ☑ 冷蔵庫の中を整理する
- ☑ たれ&つゆを手作りする

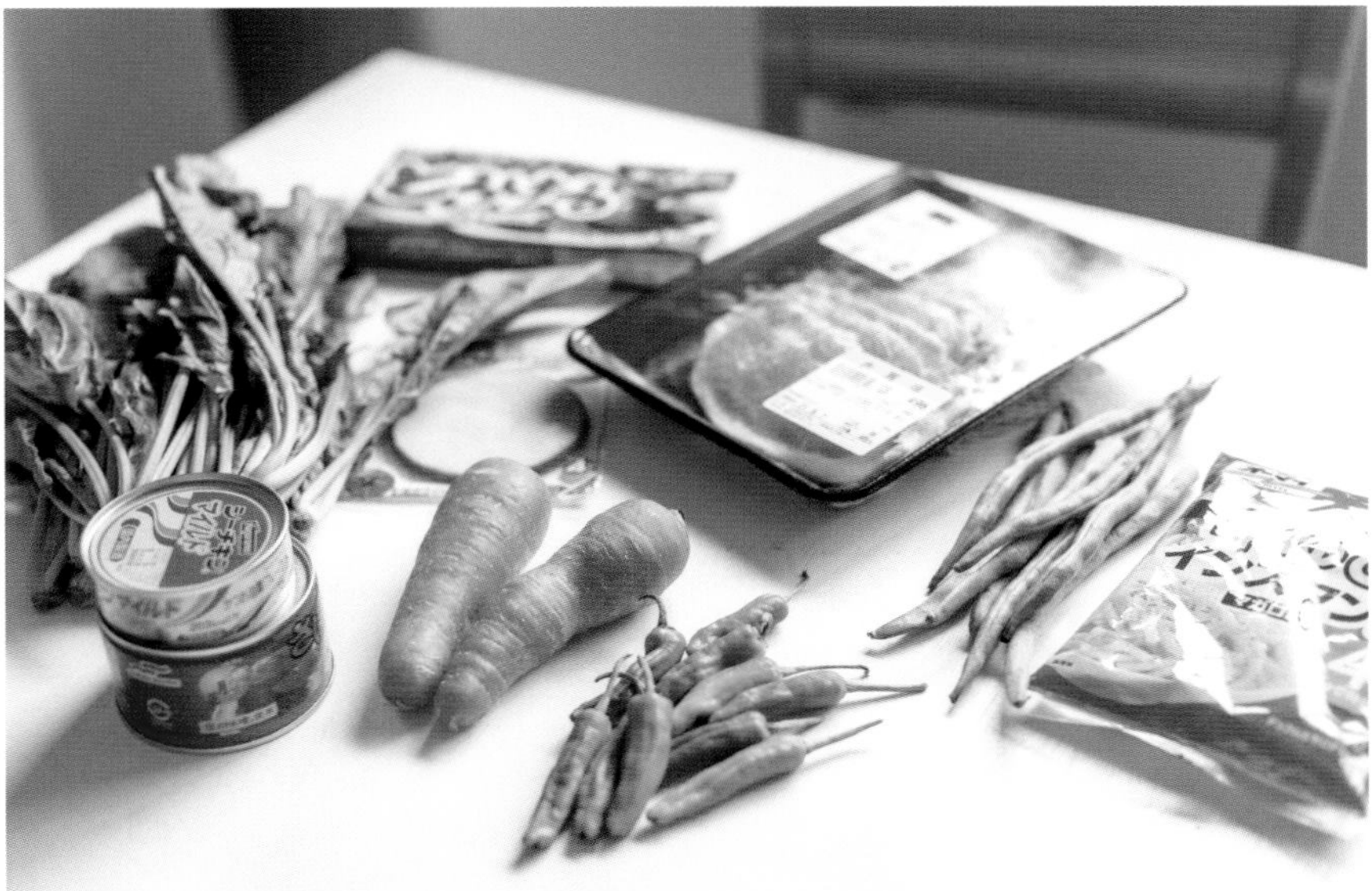

KU-CHAN'S FAMILY EPISODE.1

ビーフストロガノフ事件

唐揚げ、煮豚、野菜炒めなど、夕飯のおかずがマンネリしていることを反省して、レシピ本を見ながら「ビーフストロガノフ」を作ったことがあります。仕上げに生クリームをかけ、渾身の一皿だったのですが、食卓に出したら、男どもは全員「し〜〜ん」。なにその反応は？

長男は「なにコレ？　カレーの方がよかった〜」とボソリ。続けて夫が「いいから我慢して食え！」。我慢って……（涙）。暗〜い夕飯になったことは言うまでもありません。

それ以来、家族が食べ慣れていない凝った料理は作らないと心に決めました。定番おかずが一番なんですね。

マンネリ上等！

CHAPTER
2

ラクして貯まる家計管理法

夫婦で分担すれば管理するお金が少額でラク

実は、私はもともと浪費家でお金の管理が苦手なんです（汗）。夫と結婚することが決まっても、結婚後の家計管理のことなどまったく考えていませんでした。ところが、結婚式の翌日、私がお金の管理ができないことを熟知している夫が「結婚後の支払い分担と貯金額」を提示。その内容は、夫が住居費や水道光熱費など主に口座引き落とし分を、私が食費や日用品費など日々出ていく支出を担当し、さらに私が毎月10万円貯金することになっていました。

夫の月収も含めて一家の1カ月分の収入を管理するとなると、金額が大きくて大変ですが、食費と日用品費、あと子どものものを買うお金だけなら、お金の管理が苦手な私にもできました。それに、これらの支出はやりくり次第で減らすことができるので、管理のし甲斐があり、節約に目覚めるきっかけにも。とにかく私は毎月10万円を先取りで貯蓄して、残りのお金でやりくりして赤字にしなければいいのです。

結婚以来、私たち夫婦はお互いのお金の使い方については一切干渉しません。結果的に貯蓄は順調に増え、お金のことでケンカすることもありません。

共働き・別財布の家計管理

夫担当分

- 住宅ローン
- 水道光熱費
- 夫の生命保険、医療保険、収入保障保険、学資保険、火災保険
- 車にかかるお金（自動車税、自動車保険、車検、ガソリン代など）
- 固定資産税
- 通信費（夫のスマホ代、Wi-Fi代）
- ケーブルテレビ利用料
- 定額動画配信サービス代
- ウォーターサーバーレンタル料
- 息子2人分の給食費

妻担当分

- 食費
- 日用品費
- 妻の生命保険、医療保険、収入保障保険
- 子ども費（習い事・教材費・予防接種代など）
- スマホ代（妻と長男の分）
- コードレス掃除機レンタル料
- 電動歯ブラシサブスク料

そのときお金がある方が払うもの

- 外食費
- レジャー費
- 旅行費用

くぅちゃんのリアル家計簿、大公開！

夫婦別財布なので、家計簿は妻担当分だけをつけます。市販の家計簿は使わずに、無印良品の方眼ノートを使用。自分仕様なのでつけるのも、見直しも簡単です。

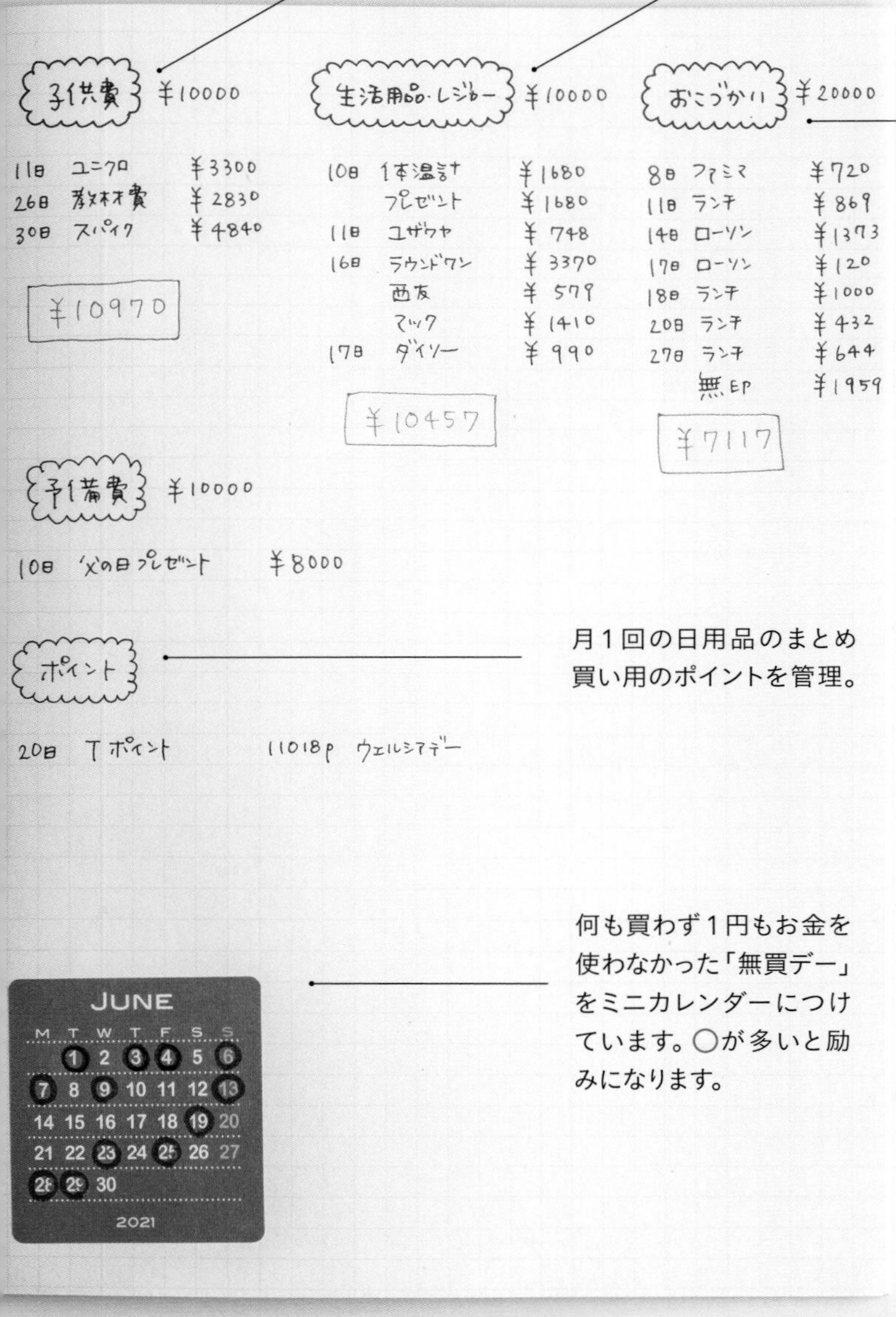

学校で徴収されるお金や被服費など。

雑貨代や外食代など。

自分のこづかいの用途と使った金額を記入。

月１回の日用品のまとめ買い用のポイントを管理。

何も買わず１円もお金を使わなかった「無買デー」をミニカレンダーにつけています。○が多いと励みになります。

食費予算は月4万円。4週に分けて管理し、1週=1万円予算です。1週ごとに使ったお金の合計額を出すことで、今週予算オーバーしたら、翌週セーブするなど調整ができます。

日付、買った店、金額だけを記入。

収入は自分が稼いだ分と夫から受け取る5万円。

固定費は毎月ほぼ同じですが書き出します。

先取り貯蓄分。貯蓄性のある保険、iDeCo、つみたてNISAで貯めています。

固定費とやりくり費の合計額。

収入−支出合計−先取り貯蓄の金額です。

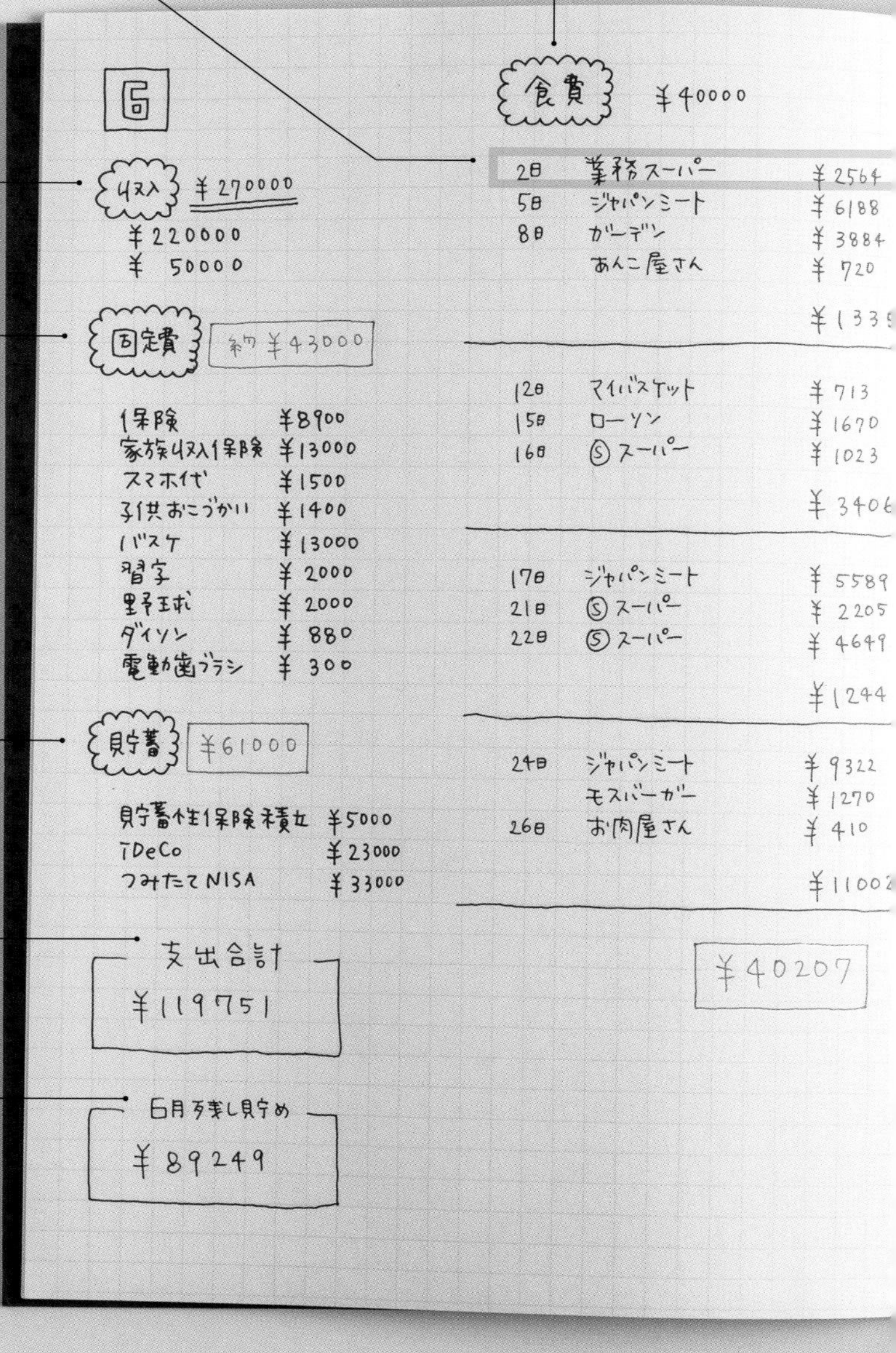

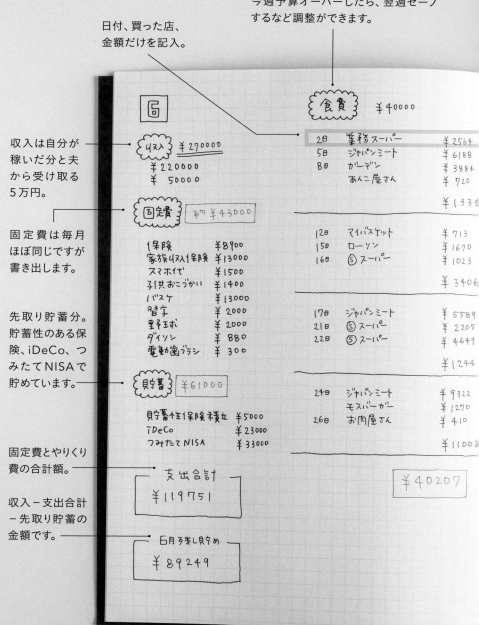

家計簿をつけるのは3日に1回、2分で終了

結婚後、夫婦別財布になり自分の担当分を管理することになりましたが、当時の私は、何にいくら使っているのかはまったく把握していませんでした。「口座残高がマイナスにならなければいい」くらいに思っていたのです。

節約に目覚めて、まずは1カ月にかかるお金を知ることが大事だと考えて家計簿をつけることに。最初は市販の家計簿を使用したのですが、わが家は夫婦別財布なので不要な記入欄が多くて使いにくい。それで方眼ノートでオリジナル家計簿を作りました。

食品も日用品も基本的にまとめ買いで、途中で買い足すのは、足りないものや急に必要になったものくらい。買い物の回数自体が少ないのでレシートがたまりません。なので3日に1回つければ十分です。記入するのは買い物した日付、店名、金額だけで、レシート1枚につき1行。レシートが3枚あっても1～2分で終わります。

「時短節約」を目指している私は家計簿も時短です。家計簿は人に見せるものではないので、自分が把握できれば十分。家計簿は長続きさせてこそ節約に役立ちます。手間なし家計簿のおかげで、楽しみながら長続きできています。

くぅちゃんの家計管理グッズ

※価格は購入時の税込み。
販売終了になっているものもあります。

○ノート

ノート・5㎜方眼 A5・ダークグレー・30枚・糸綴じ　無印良品（80円）。罫線ではなく方眼が書きやすい！

○付せん

ダイソー（110円）。外出先で済ます用事は、付せんにメモしてスマホや財布に貼って出かけます。

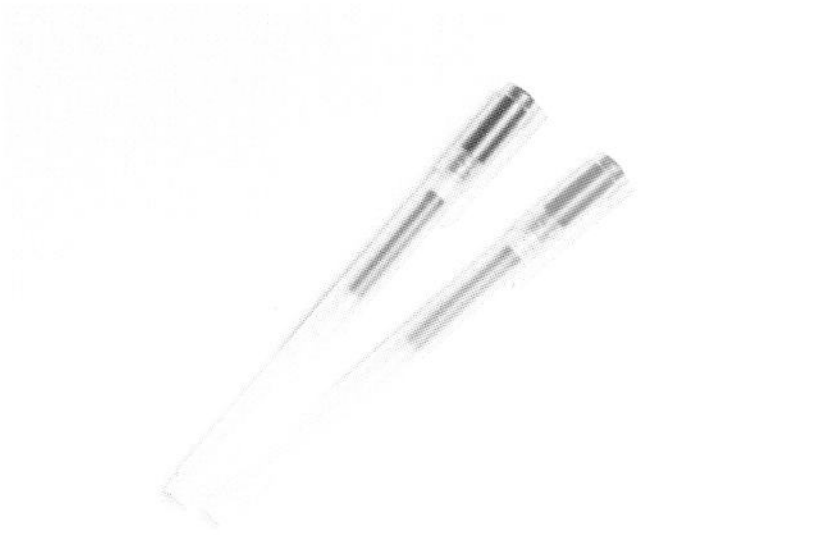

○ペン

ゲルインキボールペン　キャップ式 0.38㎜・黒・赤　無印良品（各90円）。細ペンがお気に入りです。

○クリップ

同色3つ入り　ダイソー（110円）。家計簿の今月のページより前を留めて、今月のページがすぐに開けるようにしています。

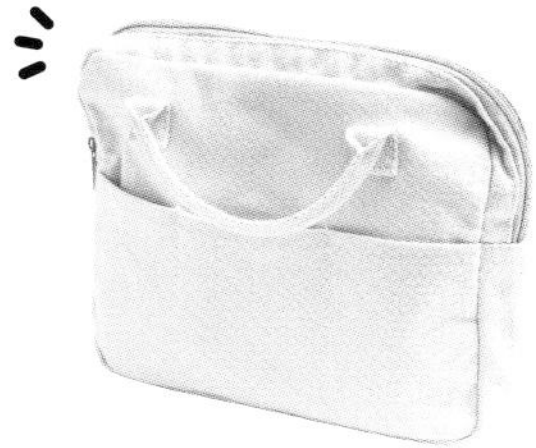

○バッグ

マルチポケット インバッグ
ニトリ（814円）。家計簿グッズを
この中にまとめて入れています。

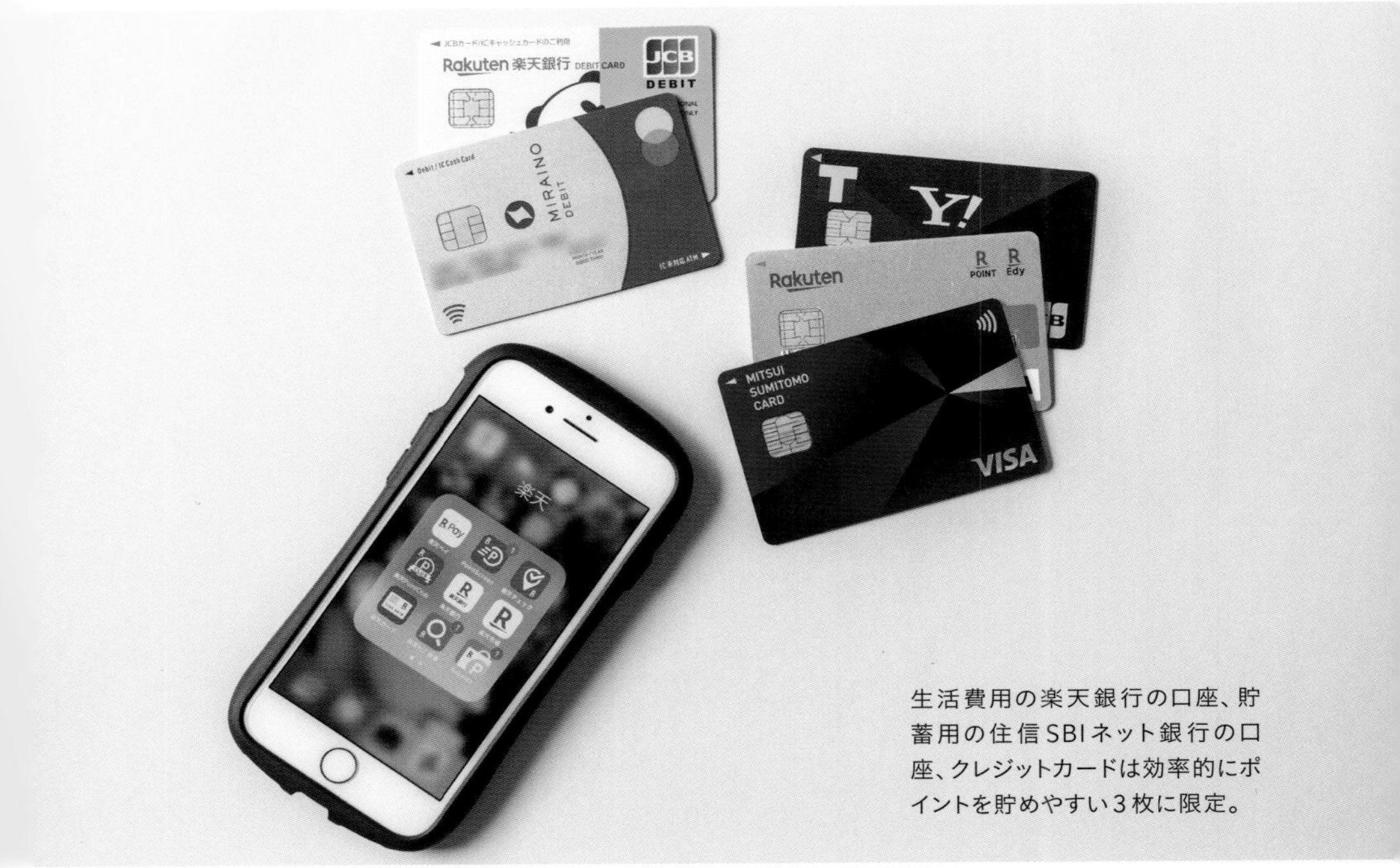

生活費用の楽天銀行の口座、貯蓄用の住信SBIネット銀行の口座、クレジットカードは効率的にポイントを貯めやすい3枚に限定。

口座は2つ、クレジットカードは3枚だけ

以前は、「無料で作れる」と聞くと何も考えずにクレジットカードを作っていました。なかには、2年目以降は年会費がかかるカードもあり、知らないうちに年会費が引き落とされていたことも。枚数が多いと管理しにくいことに気づき、カードを整理することにしました。

クレジットカードは楽天市場の支払い用の「楽天カード」、Tポイントを貯める用の「Yahoo! JAPANカード」、ポイント還元率がいい「三井住友カード（ナンバーレス）」の3枚に厳選。

銀行口座も整理し、メガバンクを解約してネット銀行に。メガバンクより金利が高め、コンビニATMでの出金手数料が無料（回数無制限あり）、スマホのアプリで口座管理がしやすいなどのメリットがあります。

小さな目標は客室に露天風呂がついている旅館に泊まることと、
今は行けないけど大好きなアーティストのライブに行くこと。

貯蓄は〝遠い〟目標と〝近い〟目標の2本立て

大学進学資金や老後資金など金額が大きい貯蓄目標は、貯まるまでに時間がかかります。遠くのゴールを目指して、その間、お金を使わずにずっと我慢しているのはツライ……。途中で挫折したり、節約ストレスが爆発してヤケ買いしないように、ときには使う楽しみを味わうことも大事です。

なので、私は遠いゴールだけではなく、近いゴールも設定しています。たとえば露天風呂つき客室に泊まる家族旅行代や、好きなアーティストのライブチケット代を残し貯めするなど。短期間で達成できる貯蓄目標があると日々の節約も頑張れます。「貯蓄は一日にして成らず」です。継続できるように、近いゴールも設定してときどき息抜きするようにしています。

特別費は年間で管理すれば慌てない

家計簿をつけ始めた最初のころはまあまあ順調で、うまくやりくりできると残し貯めができる月もありました。ところが帰省や夏休みのレジャーがある7月、8月、あるいは家族の誕生日、母の日、父の日がある月は、月の収入ではまかない切れず赤字に。家計簿というものは、赤字になると途端にやる気がなくなるもので、挫折の危機が……。

「予定外の出費だったから仕方がない」と最初のうちは思いましたが、よく考えてみると毎年、夏は帰省するし、家族の誕生月も変わらない。ということは、「予定外」ではなく「予定できる出費」ということです。

そこで、月々の収入ではまかない切れない出費を書き出して、赤字対策することにしました。月合計で1万円未満の場合は月々でまかない、それ以上の高額出費は夏と冬のボーナスから捻出することに。が、今年3月末で退職したので、もうボーナスをあてにすることはできません。月々ではまかなえない私担当分の特別費約36万円を毎月2万円ずつ積み立てることを検討中です。また年度の初めに、前年度にかかった特別費を見直して追加するなど、年間の特別費リストをブラッシュアップしようと思っています。

年間でかかる 特別費早見表

月	特別費	月	特別費
7 JUL	○帰省費 **6**万円 ○車検代（2年に1回・夫担当） **10**万円	**1** JAN	○夫誕生日 **2**万円
8 AUG	○夏休みの旅行代 **10**万円	**2** FEB	なし
9 SEP	なし	**3** MAR	○野球団費 **2**万**4000**円
10 OCT	○二男誕生日 **1**万円 ○インフルエンザ予防接種代 **6000**円	**4** APR	なし
11 NOV	○長男誕生日 **1**万円 ○インフルエンザ予防接種代 **6000**円 ○収入保障保険の半年払いの保険料 **1**万**3000**円	**5** MAY	○母の日 **1**万円 ○収入保障保険の半年払いの保険料 **1**万**3000**円 ○自動車税（夫担当） **3**万**5000**円
12 DEC	○クリスマス費 **2**万円 ○帰省費 **6**万円 ○長男の習い事の習字の会報誌 **3300**円	**6** JUN	○父の日 **5000**円 ○長男の習い事の習字の会報誌 **3300**円 ○固定資産税（夫担当） **10**万**7000**円

固定費の見直しで年約19万円も支出削減

前述の通り、わが家は夫婦別財布。私が担当している食費や日用品費は自分のやりくり次第で支出を減らすことができるので、その点では張り合いがあります。支出を抑えた分、残し貯めの金額が増えると、自分の頑張りが目に見えて達成感がありますが、その代わり気を抜くと、それも目に見えてあらわれることに。

その点、固定費は1回見直せば、あとはほったらかしで見直し効果が持続。見直しは確かに面倒なのですが、減らすことのできる金額の大きさを考えると、労力をかけてもやる価値はあります。わが家の場合、年間で19万3600円も固定費を減らすことができました。携帯電話を見直した際には「スマホ会社名　評判」や「格安スマホ　乗り換え方法」で検索すれば、だいたいのことはわかりました。それでもわからないことはショップまで行って確認しました。

見直しで注意したのは、変更して合わなかった場合、元に戻すのに違約金などのペナルティが発生するかどうか。ペナルティがなければ「ダメなら戻せばいい」くらいに考えて、試してみても損ではないと思っています。

くぅちゃんがやった 固定費の見直し

保険料

今住んでいる自治体では中3まで医療費が無料なので、息子たちの医療保険を解約。保険料を払うよりも、その分を貯蓄にまわした方がお得だと考えました。

年間4万8000円ダウン

通信費

大手キャリアから大手キャリアのサブブランドに、長男の分は格安スマホに乗り換え。

2人合わせて 年間4万2000円ダウン

光熱費

電気とガスをセットにして「ヒナタオエナジー」という会社に乗り換えました。

年間1万3000円ダウン

習い事代

スイミングはクロール、平泳ぎ、背泳ぎ、バタフライの4種目が泳げるようになることを目標に開始。二男がスクールのテストに合格して目標達成できたので気持ちよくやめました。

年間8万7600円ダウン

ファンクラブの会費

年間3000円ダウン

ライブチケットはファンクラブ会員優先で当選するのですが、超人気のグループなので会員でもほとんど当たらなくなったため、会員歴10年目でついに退会しました。

合計で年間19万3600円ダウン

1000万円貯めるためにやめたこと

私が1000万円貯めるために「やったこと」は、この本に書いてあること全部です。なので、ここでは「やめたこと」を紹介します。

・ペットボトル飲料を買うのをやめた

以前は、子どもと外出すると、すぐに「喉渇いた〜」となり、ペットボトル飲料を買っていました。今は子どもが一緒のときはもちろん、ひとりで外出するときも水筒を携帯。

・コンビニでお菓子を買うのをやめた

コンビニのお菓子は割高なので、外出時はお菓子も携帯しています。

・家族と買い物に行くのをやめた

家族と一緒に買い物に行くと余計なものを買わされるので、買い物は1人で行くことにしました。

・夜更かしをやめた

以前は遅くまでテレビをダラダラ見ていましたが、今は22時に消灯。早寝のおかげでカゼをひかなくなり、お肌の調子も○。電気代の節約にもなり◎。

家計管理

今すぐ真似できること

- ☑ お金を使ったら何に使ったかと金額をメモする
- ☑ 銀行の休眠口座を解約する
- ☑ 使っていないクレジットカードを解約する
- ☑ お金が貯まったら何に使いたいかを考える
- ☑ 固定費を見直す

KU-CHAN'S FAMILY EPISODE.2

迷う理由が値段なら買う、買う理由が値段なら買わない

買い物で迷うことってありますよね。迷う理由が「高いから」という値段なら、買った方がいいと私は思うのです。

一方、本当に欲しいかをよく考えずに「安いから買ってもいいかな?」と思うものは買わない方がいい。

たとえば、京都「有次」の段付鍋(97ページ)は高い買い物でしたが、「一生もの」と思って買いました。5年経ちましたが、今ではこの鍋なしにはごはんは作れません。

一方、「300円だから、ま、いいか」と買ったガラス製のケーキ台は、出番が一度もないまま手放すことに。

「安物買いの銭失い」を痛感しました。

CHAPTER 3

暮らしを整えるとお金が貯まる

「片づけると貯まる」は真実だった

以前、クローゼットがギューギューなのがイヤで、中身を全部出して、「着ている服」「長いこと出番がない服」「汚れや傷みが気になる服」にグループ分けしたことがあります。「長いこと出番がない服」については、「なんで着もしない服を買ったのか?」と自問。「汚れや傷みが気になる服」については「着られない服をなんで今までクローゼットにしまい込んでいたのか?」と反省。結局、「着ている服」だけを残して処分しました。メルカリで売れたものもありますが、大半は捨てました。

捨てた服には「着なくなった理由」があるものです。たとえば「流行につられて買ったけどすぐ飽きた」「動きにくい」「洗濯機で洗えない」など。これらの理由を次に服を買うときの参考にすることで、すぐに着なくなる服を買う失敗が減りました。

クローゼット以外もテレビ台まわりやリビング収納など、ものがゴチャついている場所を片づけてみました。ものを減らしたいと感じる場所には、使わないものがたまっている可能性大。片づけることで、わが家には不要なものを見極めることができ、次から買わなくなるので余計なお金を使わなくなります。

クローゼットの中を整理したとき服を大量に処分しました。今あるハンガーの本数以上に服を増やさないのがルール。処分してもいいと思える服がないときは、新しい服は買いません。

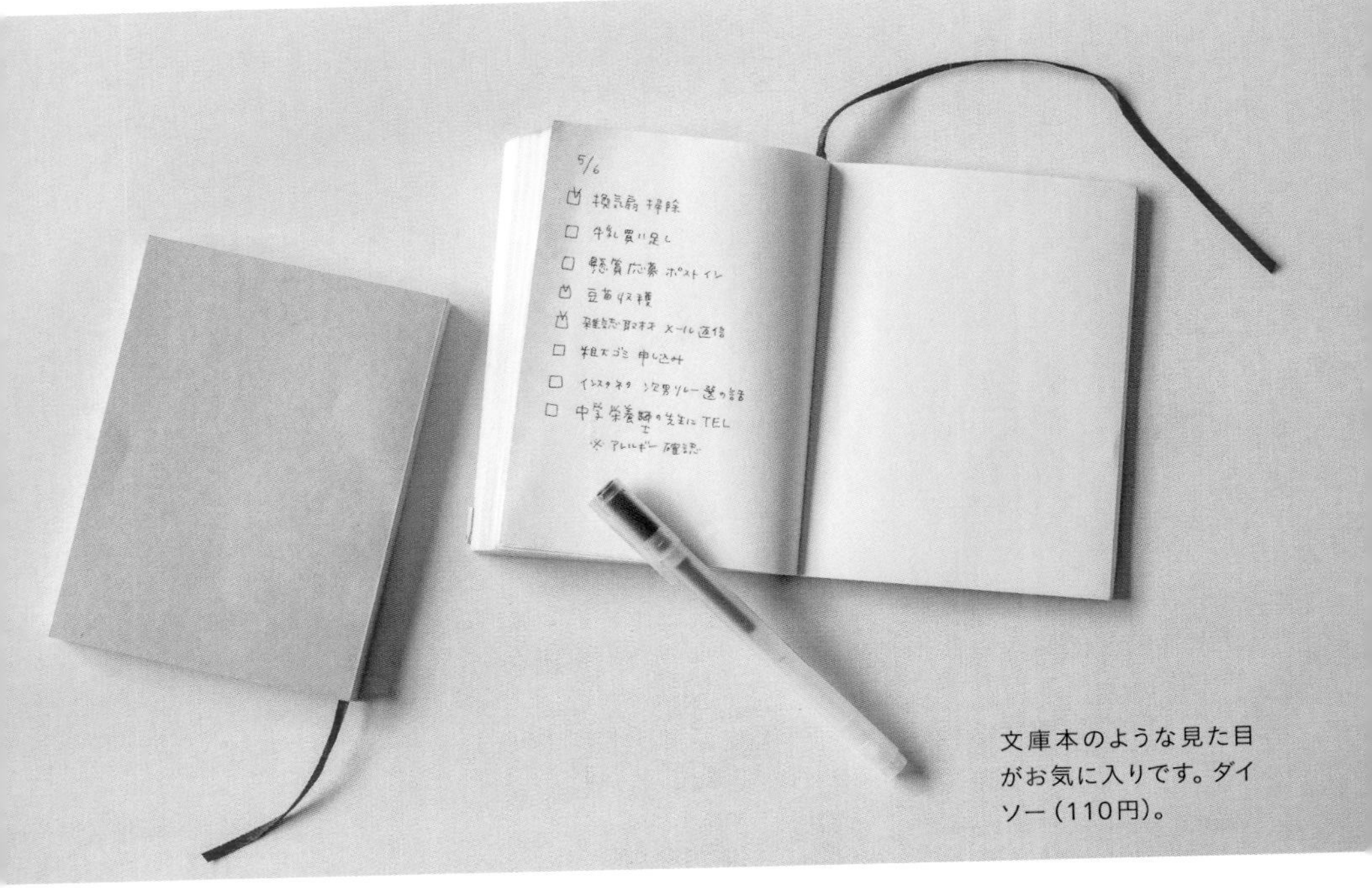

文庫本のような見た目がお気に入りです。ダイソー（110円）。

その日のToDoリストを毎朝作る

朝、家族が家を出て一段落したら、その日やることをリストアップします。仕事の用件や子どもの習い事の月謝の振り込みなど「やらなくてはいけないこと」、懸賞はがきの投函や牛乳の買い足しなど「忘れそうなこと」、そして換気扇の掃除など「気になっていること」を書き出します。

　リスト化することで、たとえば「コンビニで振り込みをして、コンビニの前のポストに懸賞はがきを投函して、そのままスーパーで牛乳を買う」といった具合に、どの順番で片づけたら効率がいいかが見えてきます。余計なお店に立ち寄ってムダなお金を使うこともなし。書くことで頭の中が整理され、一日が気持ちよく始められるのもメリットです。

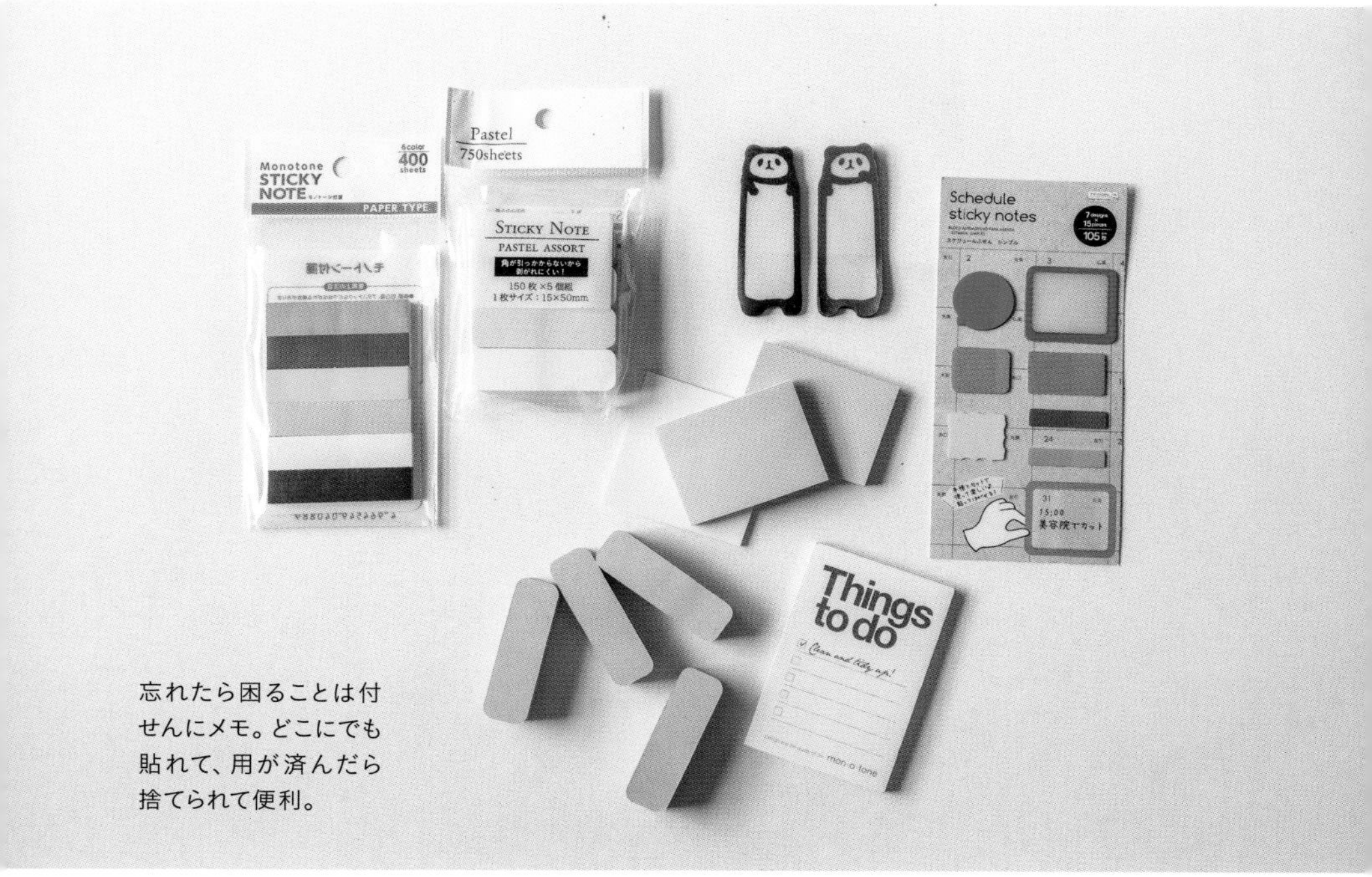

忘れたら困ることは付せんにメモ。どこにでも貼れて、用が済んだら捨てられて便利。

やりくりの相棒、付せんLOVE

付せんが好きです。小柄なのに仕事ができるところが、まず気に入っています。たとえば「To Doリスト」に書き出した「牛乳の買い足し」を付せんにメモして財布に貼る。たったこれだけのことで買い忘れがなくなります。

付せんは小柄ながらも、サイズにバラエティがあります。私が特に好きなのはミニサイズのもの。必要なことだけがメモできて、余計なスペースを取らない控えめさが好きです。

用が済んだら捨てられる点もいい。自分の使命を果たしたら、姿を消す潔さにも惚れています。家計簿に貼ったり、献立表につけたりと、やりくりのマストアイテムとして活躍してくれます。

わが家に必要な日用品リストを作る

日用品は、基本的に1カ月分をまとめ買いします。以前は、日用品を買いに行く日は、買い物前に家の中を一周して、なくなりそうな日用品を確認していました。来月まで持ちそうもない日用品を紙に書き出して、買い物メモを作成していたのですが、あるとき、毎回、書き出すのは手間と時間のムダではないか？と気づきました。

そこで、使っている日用品をぜ〜んぶ書き出し、チェックボックスつきの一覧表を作成。なくなりそうなものをチェックするだけでいいので、前よりずっと簡単になりました。さらに一覧表にしてみると、同じようなものを買っていたり、なくても別に困らなそうなものがあるのに気づきました。そうやって精査していくうちに、買うものがだんだんと減っていき、本当に必要なものだけがリストに残ることに。

買うものが少なくなれば、当然、日用品費が減ります。以前は7000〜8000円くらいかかっていた日用品費が、徐々に減って今では3000円程度。半分以下に減りました。リストは冷蔵庫に貼って、なくなりそうなものに気づいたらチェック。わざわざ買い物メモを作らなくても、買い物前には自然にメモができている仕組みです。

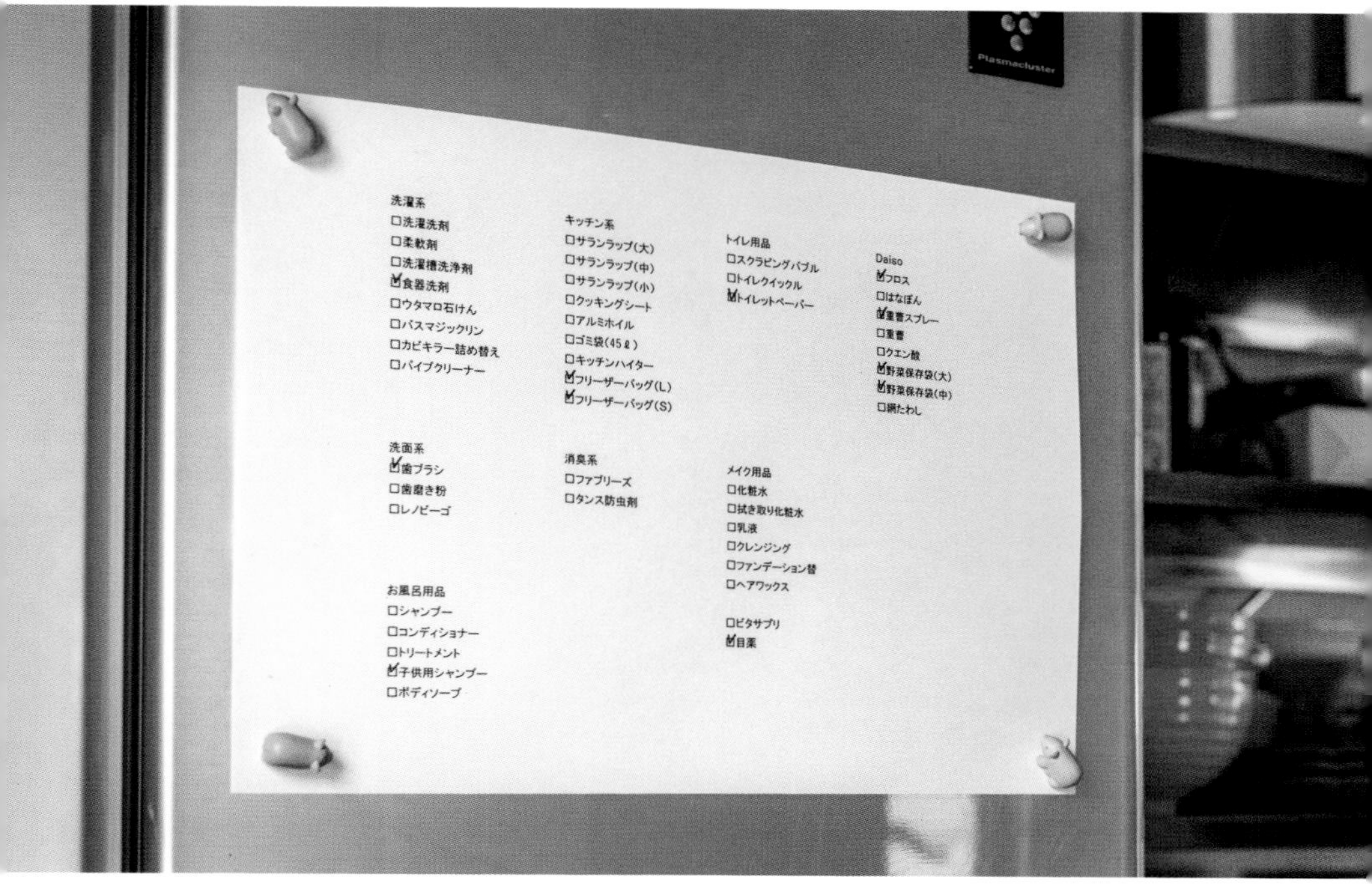

わが家で使用している日用品のリスト。いつでもチェックできるように冷蔵庫の横に貼っておきます。

日用品のストックは最小限に。次の買い物まで持たないものしかストックしません。

歯磨き粉などチューブものは出なくなったらハサミでカット。結構、中に残っています。

日用品はなんでも買わずに代用や流用を考える

世の中、便利なものがあふれています。近所に100円ショップがあるので、ちょいちょい立ち寄っていますが、本当に便利なもののワンダーランドなんです。「これが100円！」と感激するようなコスパ優秀なものが多く、「100円ならダメもとで買ってもいいかな」となりがちに。

またインスタに投稿されている「便利グッズ」を見るのも好きです。玉ねぎのみじん切りにはいつも泣かされているので、フードチョッパーにはかなり惹かれました。でも実際に使うとなると、これ自体を洗うのが面倒くさそう……と思い留まりました。

「便利そうなもの」を買っていたらキリがありません。たとえば洗剤は用途ごとにさまざまな種類のものが店頭に並んでいます。襟袖用、上履き用、ふきん用……と洗うものごとに分けて買うとお金もかかるし、管理する日用品が増えます。そこで、なんでも買って済まそうとしないで、ほかのもので代用したり、同じものを流用することを考えるようになりました。最近では、100円ショップの便利グッズをじっと見つめて「何かで代用できないか？」と考えながら長居をするお客になっています（笑）。

買うのをやめて代用しています！

ITEM 生ごみ入れ

食パンが入っていた袋のほか、もやし、焼きそば、お菓子の袋、肉・魚のドリップもれを防ぐためにスーパーでもらうビニール袋、破棄する前の保存袋などで代用。

ITEM 専用洗剤

シャツの襟袖、靴下、野球のユニフォームの泥んこ汚れ、上履き、マスク、ふきんなどをウタマロ石けん1つで洗っています。洗うもの別に専用の洗剤を買うのをやめました。

ITEM たわし

以前はシンク用のたわしを使っていましたが、今はこれに。学校の工作で使うために買って余ったアクリル毛糸で製作。1個が1年くらい持つので、一生分くらい作れそうです（笑）。

苦手な掃除・洗濯も時短でラクをする

仮に炊事、洗濯、掃除を3大家事だとすると、私は炊事しか好きではありません。率直なところ洗濯と掃除は苦手なんです（汗）。

洗濯にはこだわりがないので、分け洗いをしないで全部まとめて洗濯機に投入して1回で洗います。さすがに野球のユニフォームだけは浸けおきして別に洗いますが、洗濯機をまわすのは1日1回が基本で、水道代の節約に◯。夜のうちに洗濯機のタイマーをセットし、起床時に洗い終わるようにして、朝は干すだけ。干すのは面倒なのですが、たたむのはもっと面倒。なので、洗濯ハンガーごと取り込んでカーテンレールに引っかけ、そこから各自がお風呂に入る前に自分が使う下着、パジャマ、タオルなどを取る仕組みです。昨日着た服を洗って今日も着るという、なんて回転のいい時短システムなんでしょう！（笑） そして、翌朝、洗濯物を干すときにハンガーに残っているものだけをたたみます。

掃除は掃除機を3日に1回程度かけます。夫と息子たちは素足で床を歩くので、ベタつきが気になるときはモップで水拭き。あとは気になるホコリをハンディモップでサッサッと。これだけなので掃除も時間と電気代を最小限に抑えることができます。

3階建てのわが家にはコードレス掃除機が
便利。階が違う部屋への移動がラクラク。

髪型が決まっていると一日、
気分よく過ごせます。

髪はおしゃれして ハッピーに節約する

私の髪の毛にはビミョーなクセがあります。髪質を理解してカットしてくれる美容師さんになかなか出会えませんでした。それがたまたま知り合った美容師さんと意気投合し、カットしてもらうようになりました。

節約を始めたころ、美容院代を減らせないかと考えたことがありました。カットモデルをしたら、タダで髪を切ってもらうこともできます。でも朝、髪が決まらないとその日一日、憂うつな気分になります。そこまでして節約するのは切ないと考えてやめました。髪さえちゃんとしていればプチプラコスメでもファストファッションでもサマになるので、結果的に節約にもつながりハッピーです。

シートパック
「カタツムリ分泌液
フェイスマスク50枚」
SPC
（50枚入り3袋セット・2310円）

朝つける化粧水
「ネイチャーコンク
薬用クリアローション」
ナリス化粧品
（詰め替え用767円）

美容液
「アイムピンチ」
MIRAI（1万909円）

化粧水・乳液
「肌ラボ® 極潤プレミアム」
ロート製薬
（詰め替えで各880円）

※価格は購入時の税込み。
販売終了になっているものもあります。

シンプルケアでコスメ代を抑えても肌は潤う

20代のころは肌の乾燥がひどくて、粉を吹いたり、ニキビができたりと悩みが尽きませんでした。エステに通ってみたり、高い化粧品を使ってみたりもしましたが、これといって効果を実感することもなく……。長男が生まれてスキンケアどころじゃなくなると、毛穴の開きがすごくなり、最悪な状態でした。

そんなとき、何かでスキンケアの基本は保湿にあると知り、保湿を優先するように。お風呂上がりにシートパックをするようにしたら肌が乾燥しなくなり、毛穴の開きも改善されました。今使っている基礎化粧品は、保湿力は高いけどプチプラなもの。ただし美容液だけは多少高くてもいいものを使用。保湿がいかに大事かということを年齢を重ねるごとに実感しています。

〝私服の制服化〟で、今の自分に合ったスタイルで服代をダウン

節約を始める前は、もともと服好きだったということもあり、子どもをベビーカーに乗せて家族でショッピングするのが週末のレジャーになっていました。服を買ったり、選んだりするのは楽しくて、それはそれで幸せな時間でした。

でも息子たちが大きくなるにつれて、休日のレジャーがショッピングから公園遊びに変化。私もお店で服を選んだり、買ったりするよりも、息子たちと公園でボール投げをしたり、走りまわって遊ぶ方が楽しくなりました。となると、着る服も変わってきます。スカートなんかはいている場合ではありません。

そこで、服は子どもと一緒に動きまわりやすく、汚れたら洗濯機でジャブジャブ洗えるものを選ぶことに。春夏のトップスは白Tシャツに決まり（秋冬はトレーナー）。白にはレフ板効果があり、顔色を明るく見せてくれます。ボトムスはスキニージーンズ。

普段着る服を制服化したら服を買う機会が減って服代の節約に。今は白Tシャツ&ジーンズのスタイルが、一番自分らしい。息子たちが成長して一緒に出かけてくれなくなったら、そのときまた自分に合ったスタイルを見つけようと思っています。

春夏は顔色が明るく見える白のシャツとアクティブなジーンズを“制服”にしています。

くぅちゃん推し**ニトリ**の神アイテム7

お手頃価格で「お、ねだん以上。」のものが買えるのが魅力。
価格、使い勝手のよさ、おしゃれ感の3拍子がそろったアイテムが多数あります。

※価格は購入時の税込み。
販売終了になっているものもあります。

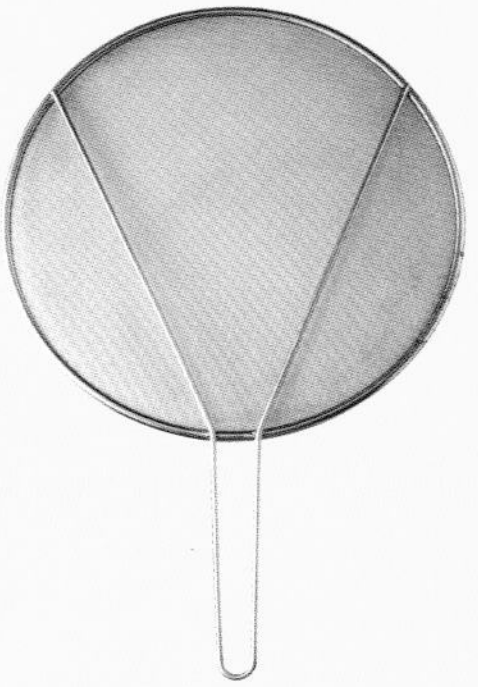

油はね防止ネット22㎝
(オイルスクリーン)　349円

フライパンの上にかぶせると油の飛び跳ねをキャッチして、レンジまわりの掃除がラクになります。これ自体を洗う手間はかかりますが、揚げ物が多いわが家の必需品です。

寿司桶　1490円

日曜日の「リクエストデー」で手巻き寿司をするときには、これに酢飯を入れてテーブルにド～ンと。それだけでごちそう感が出るので、外食しなくても満足。外食代を浮かせます。

野菜水切り
シャッキリサラダ　523円

ちぎったレタスや千切りキャベツを水にさらしたあと、これに入れてグルグルまわして水切りするとシャッキリ！　多少しなびていても生き返って、すご～くおいしいサラダに。

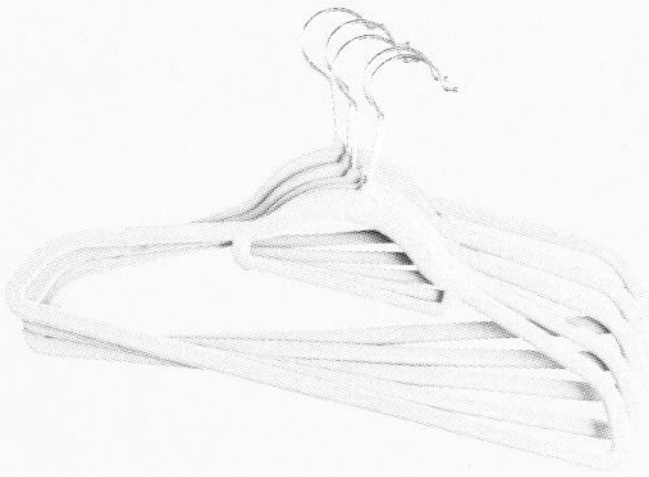

レディースフロッキーハンガー 5本組
299円

滑りにくいのでかけた服がズルッと落ちたり、襟元が伸びたりしません。幅が薄く省スペースに服を収納できます。私用のクローゼットに10本入れ、ハンガーにかける服は10着だけと決めています。

土鍋
約2000円

10年以上前に買ったものですが、今もちょくちょく使います。土曜日の「残り物一掃デー」には、これを使って残り物を投入した鍋をよく作ります。しゃぶしゃぶもこれでOK。

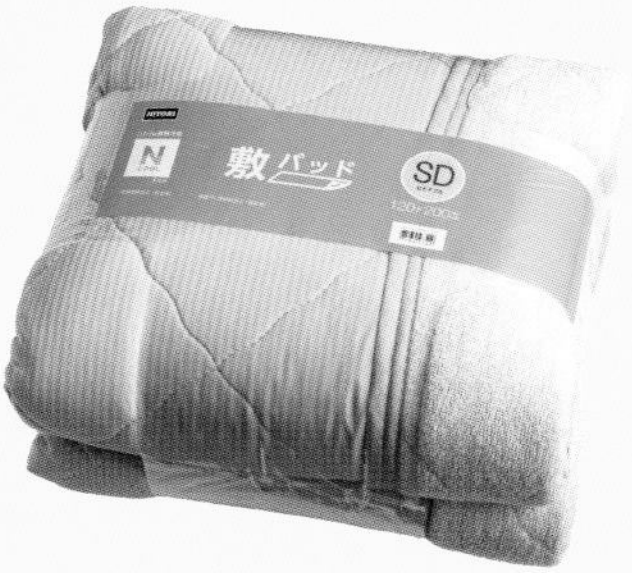

ひんやりもちもち敷きパッド セミダブル
2990円

ひんやり＆さらさら触感の敷きパッド。敷き布団の上にこのパッドを敷きます。暑がりの二男はこれがないと、夏場は暑くて眠れません。これのおかげでエアコンのつけっぱなしを防げます。

マイクロファイバー バスタオル
799円

吸水性抜群。息子たちは、お風呂上がりの体をちゃちゃっとテキトーにしか拭かないので、これでないと拭き切れません。乾きやすいから毎日洗濯してもOK。ふわふわの肌触りも◎

くぅちゃん推し無印良品の神アイテム7

昔から無印良品のアイテムに囲まれた暮らしが夢でした。
機能とデザインを兼ね備えた完成度の高いアイテムには惚れ惚れします。

※価格は購入時の税込み。
販売終了になっているものもあります。

壁に付けられる家具フック オーク材
890円

リビングの死角につけて息子たちの上着やリュックかけに。

壁に付けられる家具長押
オーク材突板44cm　1790円

スマホや小型Wi-Fiルーターの置き場所に。石膏ボードの壁であればつけたい場所に簡単につけられるので重宝しています。

液体とニオイが漏れない
バルブ付き密閉ホーロー保存容器
深型・小　890円

作りおきの保存容器に大活躍しています。フタにバルブがついて密閉度が高いので、液漏れやニオイ漏れがまったくありません。手作りパンの型にも使っています。

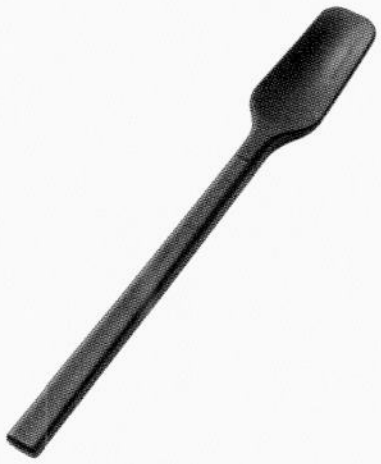

シリコーン
ジャムスプーン　390円

こういう商品を見ると「無印良品って、すごいな〜」と思います。かゆいところに手が届くようなスグレもの。ドレッシングやたれを作るとき、ボウルについたものをキレイにかき集められます。

ポリプロピレン持ち手付き
ファイルボックス・スタンダードタイプ
990円

無印良品の超人気アイテムの「ファイルボックス・スタンダードタイプ」に持ち手がついたもの。レシピ本を入れてキッチンの棚にしまっていますが、どこへでもラクに持ち運べます。

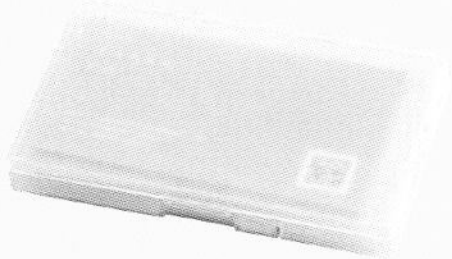

ポリプロピレンカードケース・
ダブル 約30枚収納　290円

表側と裏側のフタの開き方が異なり、2種類のカードを仕分けて入れることができます。webの仕事を本格化させたのを機に、初めて作った名刺を入れています。

インド綿ルームサンダル・前あき
※写真の色は販売終了。　**599円**

履き心地抜群の室内履きです。足に汗をかきやすいので、普通のスリッパだと蒸れることがありますが、これは常にサラッ！　前あきなのが◯。ネットに入れて洗濯機で洗えるので清潔感も満点。

マイクロファイバー
ミニハンディモップ　490円

以前は使い捨てのハンディモップを使っていましたが、これに変更。テレビ台の横に置いて、思い立ったときにササッとホコリ取り。洗って繰り返し使えるのでコスパ＆エコが優秀です。

くぅちゃん推し100均の神アイテム7

100均アイテムは世界に誇れる日本の商品力だと思っています（ちょっと大げさ？）。家中の至る所で活躍して暮らしを便利にしてくれます。

※販売終了になっているものもあります。

クッキングシート 25㎝×3m

かわいい柄のクッキングシートを常備。たかがクッキングシートですが、お気に入りのものだと料理のテンションが上がります。茶色い揚げ物もかわいい柄のクッキングシートにのせると映えます。

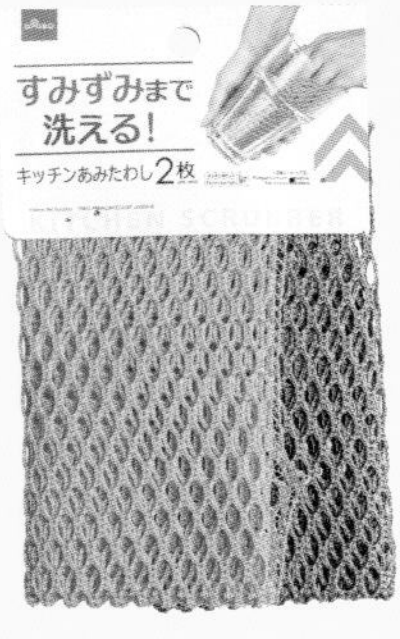

キッチンあみたわし 2枚入り

鍋やフライパンを洗うときに使用。焦げやこびりつきが落としやすく、普通のスポンジよりヘタりにくいのがお気に入り。いろいろ試しましたが、これが一番しっくりきました。

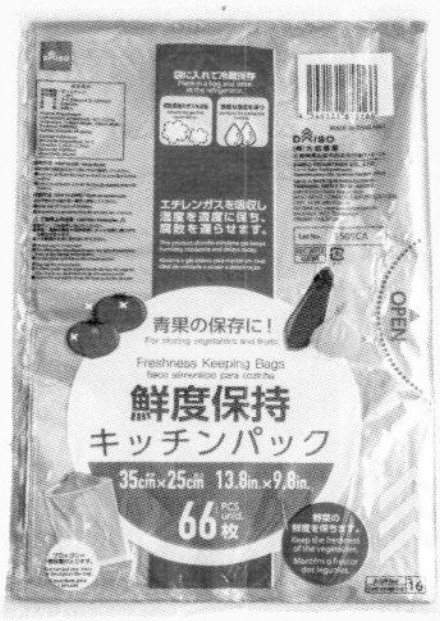

鮮度保持キッチンパック
35㎝×25㎝ 66枚入り

野菜が長持ちする保存袋です。カットした野菜もラップをしないで、入れるだけでいいので保存がラク。これを使い始めたら、1週間の野菜のまとめ買いがしやすくなりました。

クラフト紙 A4 50枚入り

エクセルで作成した献立表をこの紙にプリントします。普通の白いコピー用紙より、クラフト紙ならではは素朴な色合いが気に入っています。50枚入りで110円はお買い得☆

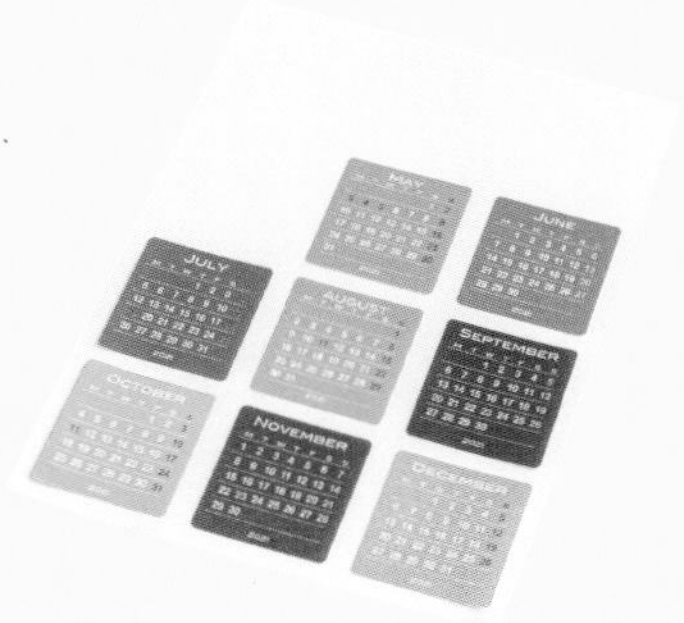

ミニカレンダー

ひと月分40㎜×42㎜のミニサイズで家計簿に貼っています。無印良品の方眼ノートを家計簿として使っていますが、日付がついていないのでこれをペタリ。写真は使いかけです……（汗）。

糸つきようじ 70本入り

歯医者さんに指導されて、歯ブラシだけではなくこれも使用するようになりました。歯ブラシでは届きにくい歯間の汚れが取れてスッキリします。70本入りでコスパ優秀。

カビ汚れ予防マスキングテープ 15㎜ ×7m

浴室ドアのパッキン、洗面所の桟、結露がつく窓の縁に貼っています。貼るだけでカビ予防ができ、ホコリや汚れが目立ってきたらテープを貼り替えるだけだから簡単。

くぅちゃん推し**楽天市場**のマストバイ10

大容量のものがお買い得。楽天ポイントがつくのも○。
店舗ごとの価格比較ができ、レビューが豊富なので参考にして買っています。

※ 価格は購入時の税込み。販売終了になっているものもあります。

青汁
3g×30 包入り **1428 円**

野菜不足を気にして青汁を飲み始めました。味がよくておいしいし、プラセンタ入りなので、お肌にもよさそう。クーポンを使えば安く買えるのでお得です。

強炭酸水 ZAO SODA 500㎖×24 本入り
1598 円

わが家はウイスキーをハイボールにして飲むので炭酸水は必需品。ケース買いすると重いから配達してもらえるのでラク。セールでまとめ買いしてポイント還元でお得にゲット！

パンテーン シャンプー エクストラダメージケア 詰替用 2ℓサイズ 1680 円

アリエール バイオサイエンス ジェルボール 部屋干し用 詰替用
63 個入り ×2 袋 **3119 円**

シャンプーや洗濯用洗剤はいつも同じブランドのものを買っています。定番が決まっているので、割安な大容量の詰め替えを購入。重いものは通販で買うと決めています。

山崎産業 ハイマジック ウェットモップ **1010 円**

装着するクロスは“ハイテク繊維”になっていて、水拭きだけで汚れが落ちます。これを使うようになってから住居用洗剤を買わなくなりました。洗って何度も使えて節約にも○

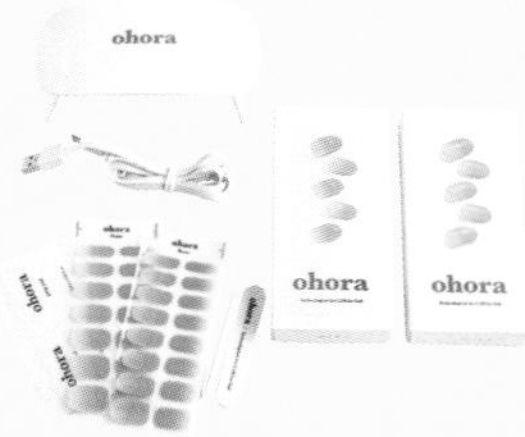

ohora ジェルネイルセット ネイル2種、ジェルランプ **3000円**

シールタイプの半ジェルをツメに貼って、ジェルランプで硬化するだけなので簡単です。シールは追加で購入可。Tシャツ＆ジーンズでもネイルケアでオシャレ感を演出しています。

炭八 除湿剤 19cm×19cm×2.5cm
10個入り **6600円**

他の木炭よりも短時間で吸湿でき、空気が乾燥しているときには放湿も可能で、半永久的に使えるとのこと。使い捨ての除湿剤をやめてこれにしました。消臭効果もあり。

お米 5kg×2袋 **3780円**

お米は基本的には「ふるさと納税」の返礼品を利用していますが、最近、息子たちのお米の消費量が増えてきたので、足りない分を通販で購入。ポイント還元も見逃せません。

松屋 牛めしの具
30食セット **5999円**

冷凍室に常備しています。ランチ、夫の夜食、夕飯のおかずが足りないときの1品などに活躍。うどんにかけて肉うどんもオススメ。お店の味が楽しめて外食欲を満たせます。

リンツチョコレート リンドール
42個入り **2440円**

ちょっとお高いですが、値段の価値は十分あります。ホント、おいしい！　息子たちには内緒でこっそりいただいています。コーヒータイムには欠かせないお供です。

ルイボスティー 2g×101包入り **1000円**

これを水筒に入れて持ち歩くようにしています。冬はホットで、水出しもできるので夏はアイスで。ノンカフェインだから子どもも飲めます。1包＝約10円とコスパも超優秀です。

満足度の高い買い物で暮らしとココロを整える

節約してお金を貯めようと思い立った当初は食費をムリに削ったり、欲しいものを買うのをひたすら我慢したり。お金を使うたびに後ろめたさを感じていた時期もありました。ストレスがたまり、ときどき爆発して安物買いに走ることも。大して欲しくもないものをストレス発散のために買っては、また自己嫌悪。ストレスと不要品ばかりがたまって、お金はなかなか貯まりませんでした。

そんな悪循環を繰り返したのちに、お金は貯めることも大事だけど、使うことも大事だと気づきました。肝心なのは使い方。本当に欲しいものなら、多少値段が張っても買っていい。本当に欲しいものを手にしたときの満足感は、対価を十分超えるものです。手にするたびにココロが満たされ、愛着があるから大事に使います。大して欲しくない安いものをちょこちょこ買うより、コスパもはるかに優秀です。

なので、高くても本当に欲しいものは、おこづかいを貯めて買うようにしています。おかげで節約ストレスがいつの間にかスーッと消えました。貯めたお金を満足のいく使い方をしてこそ、日ごろの節約に張り合いが出るというものです。

○有次の段付鍋

一生ものの鍋が欲しくて調べていたら、京都の老舗調理器具屋さん「有次」の段付鍋に出会いました。思い切って京都まで行って購入。野菜をゆでたり、せいろをのせて蒸し物をします。

○バルミューダのトースター

夫からの誕生日プレゼント。これに替えたら格安の食パンでもすごくおいしく焼けて、チーズが大好きな長男が、自分でチーズトーストを焼いて食べるようになりました。

○曲げわっぱのお弁当箱

節約のためにお弁当を作ろうと思ったとき、真っ先に買ったのがこれ。形から入るタイプなんです（笑）。曲げわっぱにに入れたごはんは冷めてもおいしくて、お弁当の時間が楽しみになりました。

○エルメスとポール・スミスの腕時計

エルメスの腕時計は30歳になったときに記念に自分で買いました。ポール・スミスの腕時計は何歳目かの誕生日に夫からプレゼントされたもの。この2つで満足したせいで、「腕時計欲」がなくなりました。

○ペンタックスのミラーレスカメラ レンズ2本つき

二男が生まれた年に買いました。一眼レフだと大きくて重いので持ち歩きには不便だと思いこれに。バッグに入るサイズで、女性の手にも収まって撮りやすいです。

財布を整える

◉保育園の先生が作ってくれた息子たちからのメッセージカード。
◉千円札はお札入れスペースではなく、二つ折りにしてココ。何枚あるかわかりやすくて○

結婚したとき記念にと、夫と一緒にそれぞれ財布を買いました。私は、母が使っていたルイ・ヴィトンの財布が欲しくて同じものを購入。愛着があり、結婚以来、使い続けているので、もう14年選手になります。

3日に1回、家計簿をつけるとき、財布からレシートを出します。ついでに小銭も取り出して小銭貯金用の瓶へ。ポイントカードは気がついたときに見直して、使っていないものは処分。最近は、ポイントはスマホのアプリで貯めるようになったので、携帯する

◉小銭入れが大きく開いて使いやすい。小銭から使うようにしています。
◉お守りも入れています。
◉運転免許証、保険証、診察券、マイナンバーカードを携帯。

ポイントカードの枚数が減りました。

財布を定期的に整えることで、財布に余計なものをため込まないようになります。また、今、いくら入っているかわかっているので、ムダな買い物を防止する効果も。クレジットカードで払うときも、サッと出せてレジでもたつきません。運転免許証や保険証も入れていますが、入れる仕切りが決まっているから必要なときに慌てません。

財布を整えることは、暮らしを整えることにつながるような気がします。

おつき合いを整える

独身時代は、誘われた飲み会はほぼ100%出席していました。お酒が好きということもありますが、もともと誘われると断れない性格なんです。

その性格は結婚しても、子どもが生まれても基本的には変わりませんでした。人と会っておしゃべりしたり、食事をしたりするのは楽しいものです。

でも誘われれば、いつでも、誰とでも、というのはそろそろ卒業したいな……と思うように。子どもの関係でおつき合いをしなければならない人たちもいますが、ちょっと苦手だなと思う人とは、相手に不快な思いをさせない程度に距離を保って接するようにしています。その代わり、気が合いそうな人には自分から積極的にアプローチ。

またおつき合いが広いと、入ってくる情報も多くなります。知らなければ済んだことも、知ってしまうと気持ちがザワザワしたり。メンタル面だけではなく、お金の面でも負担があります。外でお茶や食事をすると外食費がかかるし、いただきものをしたらお返しをしなくてはいけないし……。負荷がかかりすぎるようなおつき合いは少し整えて、本当に大切な人との関係を大事にするようになりました。

暮らしを整える

今すぐ真似できること

- ☑ その日の予定を書き出す
- ☑ 今使っている日用品をリスト化する
- ☑ 生ごみ用ネットを買うのをやめる
- ☑ 財布の中を整理する
- ☑ 負担がかかるおつき合いは遠慮する

KU-CHAN'S FAMILY EPISODE.3

時間の余裕はココロの余裕、ココロの余裕はお金の余裕

息子たちを保育園に預けて看護師の仕事をしていたころは、「ピンク・レディーか!?」(古くて、すみません)というくらい超多忙な日々。余裕なんてまったくなくて、息子たちをガミガミ怒り、お皿を割り、風呂の栓を閉め忘れてお湯を入れる……。

そんな生活を立て直そうと思い、30分だけ早起きをして、夕飯の下ごしらえをすることに。たった30分の〝先取り家事〟でしたが、夕方、帰宅してからがスムーズに。

息子たちを早く寝かせたあと、家計簿をゆっくりつけて、家計を見直す余裕も出てきました。時間の余裕はココロとお金の余裕につながることを実感しました。

CHAPTER 4

子どもにかかるお金のリアル

これまでに
子どもにかかったお金

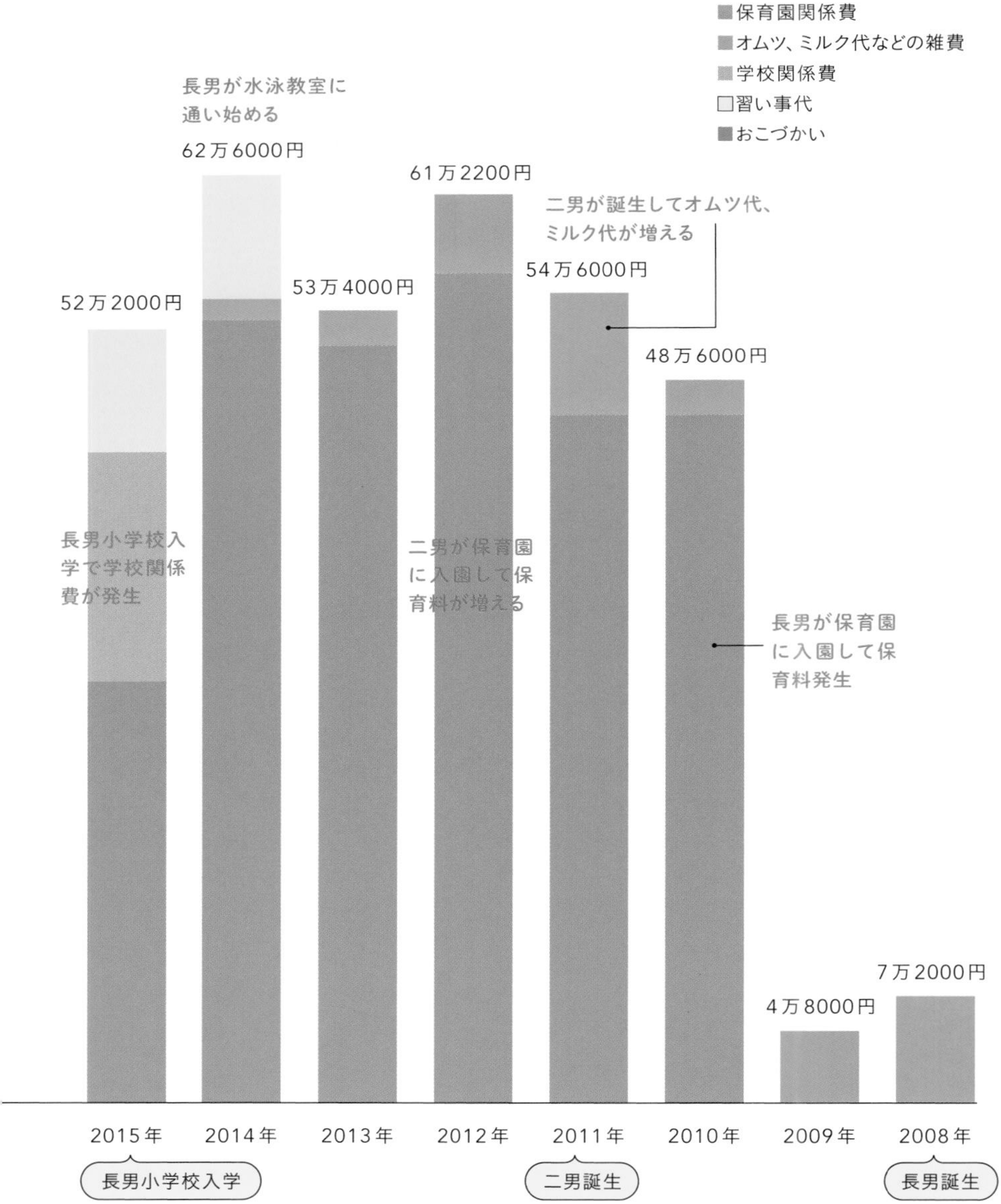

■保育園関係費
■オムツ、ミルク代などの雑費
■学校関係費
□習い事代
■おこづかい
長男が水泳教室に
通い始める
62万6000円
61万2200円
二男が誕生してオムツ代、
ミルク代が増える
53万4000円
54万6000円
52万2000円
48万6000円
長男小学校入
学で学校関係
費が発生
二男が保育園
に入園して保
育料が増える
長男が保育園
に入園して保
育料発生
7万2000円
4万8000円
2015年
2014年
2013年
2012年
2011年
2010年
2009年
2008年
長男小学校入学
二男誕生
長男誕生

長男と二男が誕生してから現在までにかかったお金を年間で算出。長男が小学生になって保育料が1人分になったと思ったら、習い事代が増加。一番、お金がかかった年は総額で63万800円にも。長男に塾代がかからず、二男が小学生のうちが貯めどきだと思っています。

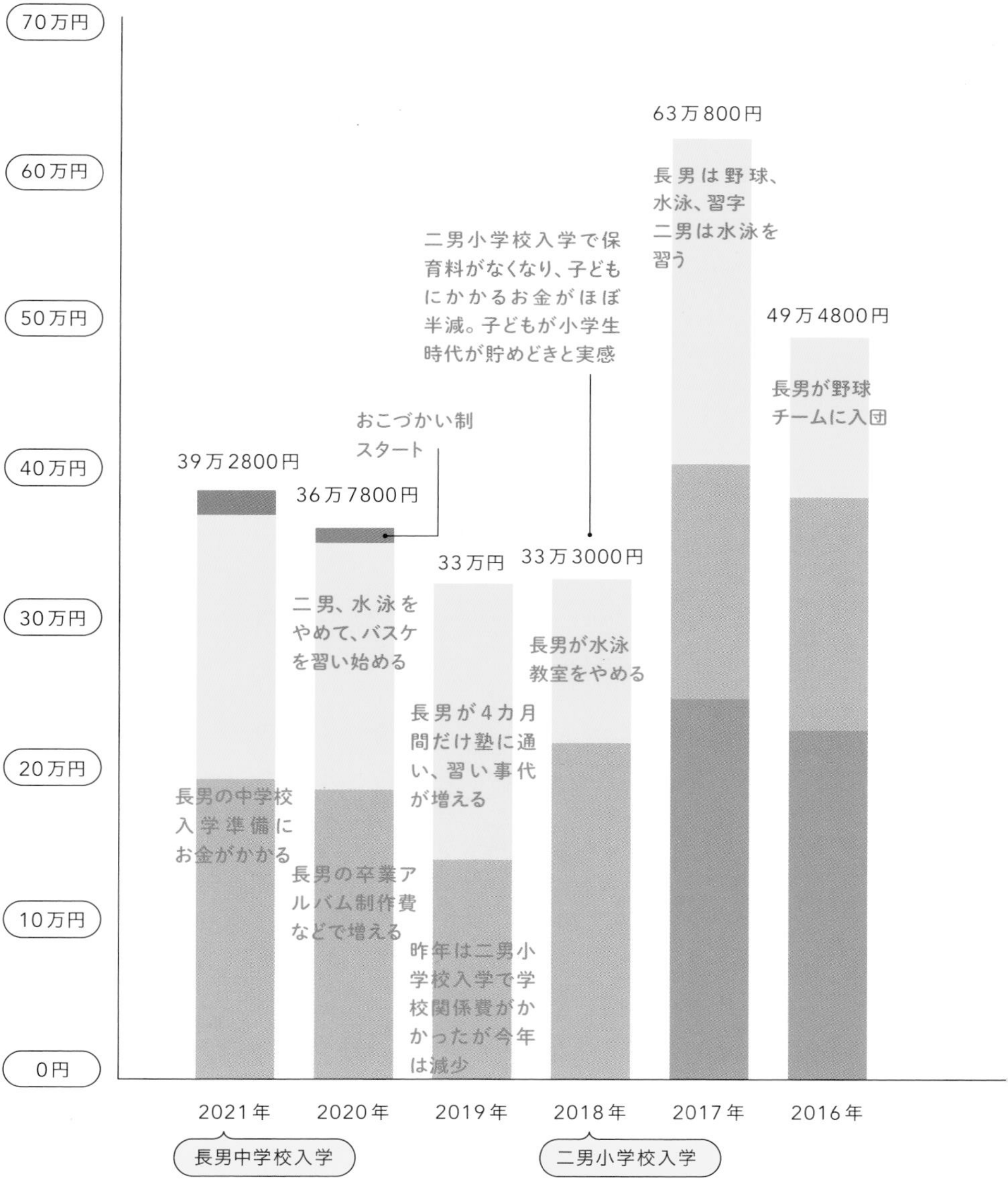

70万円
60万円
50万円
40万円
30万円
20万円
10万円
0円
39万2800円
36万7800円
33万円
33万3000円
63万800円
49万4800円
おこづかい制スタート
二男小学校入学で保育料がなくなり、子どもにかかるお金がほぼ半減。子どもが小学生時代が貯めどきと実感
長男は野球、水泳、習字 二男は水泳を習う
長男が野球チームに入団
二男、水泳をやめて、バスケを習い始める
長男が水泳教室をやめる
長男が4カ月間だけ塾に通い、習い事代が増える
長男の中学校入学準備にお金がかかる
長男の卒業アルバム制作費などで増える
昨年は二男小学校入学で学校関係費がかかったが今年は減少
2021年
2020年
2019年
2018年
2017年
2016年
長男中学校入学
二男小学校入学

教育費は学資保険、児童手当、貯金の"3本の矢"で備える

学資保険には、息子たちが生まれてすぐにそれぞれ加入しました。自分が奨学金を受給しながら看護師学校に通ったので、息子たちには大学資金を用意してあげたいと思ったからです。17歳で1人160万円の満期保険金が受け取れる予定です。

それと、児童手当は手をつけずに全額貯蓄することも決めました。15歳まで貯めると198万円になります。学資保険と合わせて358万円になるので大丈夫と考えていたのですが、今どきの教育費事情はそんなに甘くないと、つい最近知りました。358万円では大学の受験費用と1年目の授業料をまかなえる程度。それで目標金額を17歳までに、1人600万円に設定し直しました。

17歳になるまでに残された時間は、長男は6年間なので年約40万円、二男は9年間あるので年約27万円貯める必要があります。この先6年間は2人分で年67万円、それ以降は二男の分だけの年27万円を貯めるのが目標。学資保険と児童手当だけでは足りない分を貯金で補う計画です。今は年100万円以上貯めるペースができているので、なんとか乗り切ろうと思っています。

くぅちゃん家の教育費の備え方

目標

大学進学前の17歳までに1人600万円

内訳

学資保険	160万円	⬅ 毎月、保険料が勝手に引き落とされる
児童手当	198万円	⬅ 自動的に貯まる仕組みになっている
預貯金	242万円	⬅ **ここを貯める!**

おこづかい制で〝お金教育〟をする

昨年、長男が小6になったのをきっかけに息子たちにおこづかいを渡すことにしました。いくらにしたらいいのか見当がつかなかったのですが、独断で（笑）1カ月、100円×学年に決め、長男600円、二男300円でスタート。今年4月から長男は中学生になったので、これも独断で一気に1000円にアップしました。

これまではお年玉は子ども名義の口座に貯金していたのですが、今年からは全額、息子たちに管理させることに。人生で初めて手にする数万円という大金をどう使うのかを見守ることにしました。長男は出かけたときに買い食いしたり、欲しいものを買ったりで、いつの間にかなくなっていました。そのあと友だちから「遊園地に行こう」と誘われたのですが、お金がない……という状況に。行き当たりばったりでお金を使うと、あとで困るということを学習したのではないかと思います。

一方、二男は貯めていたおこづかいとお年玉を合わせて、前から欲しかったゲーム機をドーンと購入。兄弟でもお金の使い方が違うものだと思いました。限られたお金をどのように使うと自分が満足できるか……おこづかい制で学んでくれたらと思います。

毎月1日がおこづかい支給日。「ムダ使いしないでね」の言葉を添えて手渡します。

おこづかい袋はセリアで購入。

サンタさんからのプレゼントをやめて上限金額を決める

長男が10歳、二男が7歳のとき、わが家にはクリスマスにサンタさんが来ないことにしました。というのは、サンタさんにお願いすれば、なんでももらえると思っているので、年齢が上がるにつれてプレゼントが高額になってきたからです。

でも子どもの夢を壊すわけにはいきません。そこで「サンタさんはいない」とは言わずに「サンタさんはクリスマスの時期、とっても忙しくて気の毒だから、今年からママたちがサンタさんに代わってプレゼントするね。でもママたちはサンタさんじゃないから、プレゼントに使えるお金が限られているの」と。

これでなんとな～く納得してくれたおかげで、プレゼント代の上限を決めることができました。

12月は何かと出費がかさみます。サンタさんからのプレゼントをやめて、予算内で子どもの欲しいものをプレゼントしても親の愛情には変わりはないと思うのです。

子どものお金

今すぐ真似できること

- 習い事を見直してみる
- 子どもにねだられて買うのをやめる
- 児童手当を家計費の口座とは別にして貯める
- 大学進学資金用に毎月決まった金額を貯める
- 子どもとお金の話をする

KU-CHAN'S FAMILY EPISODE.4

ゲーム課金事件

長男が小5のとき、友だちの間で「フォートナイト」というゲームが流行っていて、そのゲームには課金システムがありました。課金すると夫のスマホにメールが届くのですが、長男に聞くと「無料でもらえるもの」との返答。

ところがある日、家の駐車場で課金用のプリペイドカードを発見。再び長男を問いただすと、夫の500円玉貯金から勝手にお金を取り出して購入したとのこと。長男がめちゃくちゃ怒られたのは言うまでもありません。

ゲームに夢中になりすぎると善悪の見境がつかなくなるんですね。それ以降、わが家では課金厳禁になりました。

CHAPTER 5

一生お金に困らないためのお金との向き合い方

“隣の芝生”と比べない。“わが家軸”でお金と向き合う

以前の私は、ママ友が着ている服やバッグなどの持ち物が気になったり、「この間、どこそこに家族で出かけた」とか「人気の外食店がおいしかった」という話を聞くとうらやましく思ったり。話をしながら、なんとな〜く相手の家のお金事情を探って、わが家と同程度の人と仲良くすることで、気持ちがザワザワしないようにしていたこともありました。でもそんなふうに人のことを気にする自分をイヤだなと思うことも。

今の時代は、他人の情報が入ってきやすいように思います。面識のない人の暮らしをSNSで見ることができ、ステキな暮らしばかりが目につきます。見なければいいのに、気になってつい見てしまう。そして自分やわが家と比べる……。そんな不毛なモヤモヤをこれまでずい分と経験しました。そもそも「隣の芝生」は青く見えるものなんですね。

お金を貯めることを真剣に考えるようになってから、人と自分を比べたり、見栄のためにお金を使うことは、幸せなお金の使い方ではないと気づきました。わが家に必要なものを家族みんなで見定めて、それにお金を使いたいと思います。

夫婦ともに退職金なし。iDeCoを始めてみた

今年3月末で11年間勤務した病院を退職しました。夫も7年前に友人が起業した会社に転職。今のところ、その会社には退職金制度がないので、私も夫も定年時の退職金をあてにすることはできません。

これまでは「投資というのはお金のプロがすることで、素人が手を出すと大損する」と思い込んでいました。ところが最近、「つみたてNISA」とか「iDeCo」とかを頻繁に耳にし、投資に関心を持つように。実行を先延ばしにするのは「明日やろう！はバカ野郎！」だと、思い切ってiDeCoをスタート。

ご存じの方も大勢いらっしゃると思いますが、iDeCoとは毎月掛け金を積み立て、それを運用して老後資金として備えるもの。掛け金は全額所得控除、運用益は非課税で節税に役立ちます。ただし60歳まで引き出せないのが基本。運用商品の投資信託はネット検索で人気上位だった「セゾン資産形成の達人ファンド」、「ニッセイ外国株式インデックスファンド」、「eMAXIS Slim 先進国株式インデックス」の3つを選択。公的年金の不足分を「自分年金」で少しでもカバーできたらと思っています。

“やりたいことリスト”でお金を使う優先順位を決める

今から3年くらい前のこと、雑誌で自分がやりたいことを100個書き出して、暮らしに対するモチベーションを高めている人のことを知りました。「面白そう！」と早速、自分もトライしてみましたが、一度に100個はなかなか思いつきません。そこでいっぺんに100個書き出さなくても、思いついたものをその都度、書きとめようと「やりたいことリスト」用のノートを作りました。

やりたいことをリストにしてみると、優先すべきことが見えてきます。頭の中で漠然と考えているだけだと、目先のことや思いついたことからやってしまいがちですが、リストにすると、やりたいこと同士を比較して、どれが自分にとって大事なのか、気持ちの整理ができます。

やりたいことの中には「○○に行きたい」とか「○○を買う」など、お金がかかることもありますが、自分が本当にやりたいことがわかれば、それを実現するために優先的にお金を使うことができます。同じ金額を使っても、優先順位の高いことに使うと満足度が高い。「活き金」とは、こういう使い方なんだと実感しました。

リストを作って一番最初にやりたいこととしてあげたのが「本を出す」。この目標がついに達成できました。

年2回わが家の貯蓄を総チェックする

毎月、家計をしめる際に今月の貯蓄額を確認します。先取りで貯蓄性保険の積立、iDeCo、つみたてNISAをして、1カ月の収支で黒字になった分は残し貯めにまわしているので、貯蓄額は確実に増えている……はずなのですが、イマイチそれを実感することができません。その理由は、保険、積立投信、銀行預金などあちこちでいろいろ貯めているから。わが家の現在の総貯蓄額が見えにくく、1年間で100万円以上貯めているにもかかわらず、その実感がわいてきません。そこで年に2回、わが家の総貯蓄額を計算することにしました。

以前は通帳を記帳して預金額を把握していましたが、ネット銀行に変更したので、スマホでネット銀行のマイページを開いて確認。保険は現時点での解約返戻金、iDeCoは積み立てた掛け金の合計額、つみたてNISAは評価額を貯蓄額とみなします。

それぞれ算出した数字の合計が、現在のわが家の総貯蓄額。数字で確認すると貯まっている実感がわいてきます。年2回やっているので、前回との金額差を出すことで、この半年間で貯めた金額もわかります。貯蓄モチベーションアップに効果抜群です。

コンパクトな暮らしなら〝年金生活〟もへっちゃら

先日、リタイアまでにいくら貯めておけばいいかを試算してみました。60歳で定年になり90歳まで生きた場合、年金だけでは足りない1カ月分の生活費を仮に10万円とすると、3600万円必要になります。65歳まで働いて不足分の10万円をカバーすれば、必要な貯蓄額は3000万円に。

リタイア後の暮らしをコンパクトにして、かかるお金を減らすほど必要な貯蓄額が少なくて済みます。とは言うものの、なんでもかんでも節約するのはココロが貧しくなりそうなので、お金を使うところと締めるところのメリハリがあり、全体としてコンパクトな暮らしにするのが理想的。今から少しでもその意識を持ってお金と向き合っていきたいと思っています。

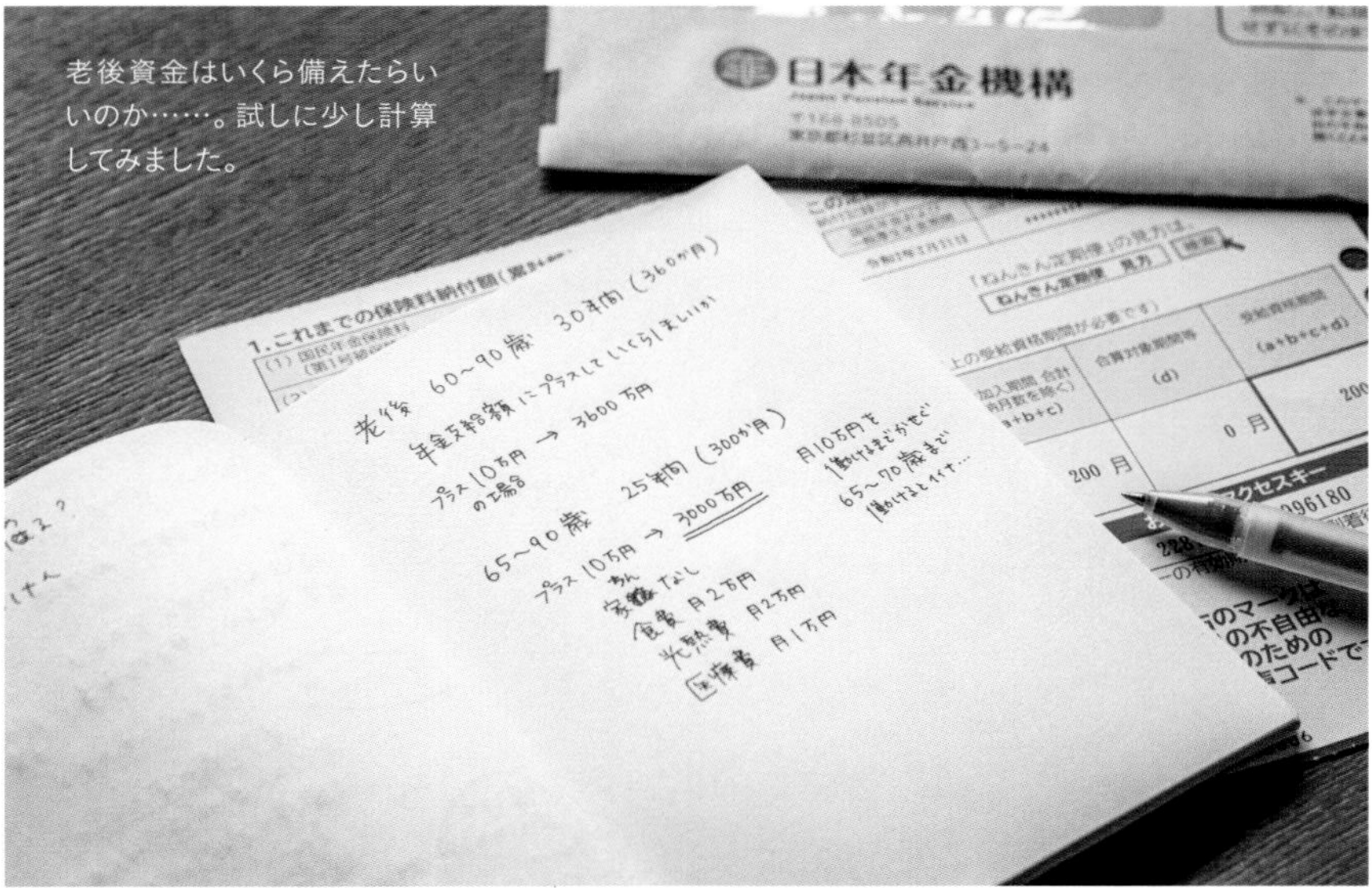

老後資金はいくら備えたらいいのか……。試しに少し計算してみました。

夫婦そろって健康で長く働くことが一番の老後の備え

私たち夫婦が受給できる年金額を考えると、年金だけで老後の生活費をまかなうのは難しいと思います。なので不足分は貯蓄で補てんすることになります。前ページで書いたように、必要な貯蓄額を計算すると、60歳でリタイアした場合と、65歳まで働いた場合とでは、後者の方が当然少なくて済みます。70歳まで働けば、もっと少なくて済むはず。結局、なんだかんだ言っても、長く働くことが、老後のお金の不安を解消してくれるということです。

長く働き続けるには、健康でなければなりません。健康なら医療費もかからないし、介護費用の負担もありません。40歳になり、区役所から乳がん検診や歯科検診など無料で受けられる検査のお知らせが送られてきたので受診する予定です。夫とその結果を共有して健康面はチェックし合おうと思っています。また、万が一に備えて加入している保険のことも、お互いに知っておく必要があります。

お金があっても健康でなければ、明るい老後はあり得ません。40代に入って、夜、夫と晩酌しながら、そんな話題も出るようになりました（笑）。

夫と晩酌するとき、老後のお金に
ついて話題をふってみました。

くぅちゃん、webの仕事で独立したってよ

看護師時代から、自分が実践している「時短節約」をインスタグラムで発信していたのですが、それを見てくださった企業からの仕事の依頼が増え始めていたこともあり、今年3月末に退職したのを機に、思い切ってwebの仕事を本業にすることにしました。

インスタを始めた当初は、フォロワー数がぜんぜん増えずに悩みました。見てくださる人に、自分が伝えたいことをどうしたらうまく伝えることができるのか、試行錯誤の連続でした。そんなとき、自分がフォローしていたインスタグラマーさんがトークイベントを開催することを知り、すぐに申し込みました。成功している人の話はとても説得力があり、「なるほど」と感心することばかりでした。

フォロワーを増やすには何かに特化したアカウントを作ることが要で、私の場合、「時短節約」がそれでした。最初は毎日、投稿することが大事です。内容は日々のあれこれを書いたエッセイ的なものではなく、見て欲しい人の年齢、家族構成、職業などを具体的に想定して、その人たちが関心を持っていることや役に立ちそうなことを考えました。私は、今、30～40代の子育て世代のワーママに向けて家計のやりくり、息子2人の子育て奮闘記、毎日のごはんづくりや家事の工夫について発信しています。

ツイッターやネット記事のトピックスを参考にすることもありますが、大切なのは、その情報にきちんと自分の経験をプラスすること。フォロワーの皆さんに共感してもらえたり、皆さんに役立つ内容を心がけて、いつも投稿を作成しています。

インスタでは伝え切れない細かいことは、文章にしてブログで発信しています。インスタもブログもツイッターも、フォロワーの皆さんが自分に何を求めているのかを把握することが大事です。

そんなこんなで18年間のキャリアがあった看護師から、駆け出しのwebライターに転職。少し前なら考えられませんでしたが、今は、普通の主婦が、日々、自分が実践していることを発信して、それが仕事になる時代です。新しいことへの挑戦はワクワクしますが、不安もあります。でも自分で決めたことなので全力でやるのみです!

40歳からの挑戦を温かく見守っていただけたらと思います。

KU-CHAN'S FAMILY EPISODE.5

父はギャンブル好き、母はリボ払い好き

父は腕のいいペンキ職人でした。が、バブルがはじけて、父が仕事をしていた会社が倒産。その後はときどき仕事をするだけで定職に就かず、パチンコ、競馬、競艇に明け暮れる日々。

父が失業する前から母は看護助手として働いていたので、なんとか生活はできましたが、余裕はまったくありませんでした。なのに母はリボ払いで買い物をする。「お金がないから仕方ないのよ」と母は当たり前のようにリボ払いしていました。私が以前、浪費家だったのは、両親のＤＮＡのせいなのかもしれません(笑)。でも一方で、両親がある意味での反面教師になってくれた気もします。

40年間生きてきた経験を活かしながら、一生お金に困らないように、お金とちゃんと向き合っていこうと思います。

お金との向き合い方

今すぐ真似できること

- ☑ ネットでiDeCoを検索してみる
- ☑ やりたいことリストを作る
- ☑ 現在のわが家の総貯蓄額を算出する
- ☑ 夫婦でお金の話をする
- ☑ 日本年金機構から送られてくる「ねんきん定期便」をよく読む

おわりに

私が中1のとき父が勤めていた会社が倒産。それ以降、看護助手として働く母の収入がわが家の生計を支えることになりました。小学生のころはそれなりにお金があったので、私は中学受験をして中高一貫の私立に進学。中1まではよかったのですが、父が働かなくなってからは大変でした。

みんなは授業料を1年分まとめて払うのですが、うちにはそんなまとまったお金はなかったので私だけ月払い。お金持ちの友だちが多く、家に遊びに行くと、団地暮らしだった私には、もうお城のように思えました（笑）。だって、家の中に螺旋階段があるんですよ。

お金がないことで卑屈になったことはありませんでしたが、「お金を使いたい欲求」はあったのでしょうね、自分で稼げるようになってからはバンバン使いました。そんなお金の管理ができなかった私が、どうやって1000万円貯められるようになったかをこの本に書きました。

最後まで読んでくださった皆さまに心から感謝申し上げます。また日々温かいコメントを寄せてくださるフォロワーの皆さまに感謝いたします。皆さまの支えがあったからこそ、この本にたどり着けたと思っています。

最後になりましたが、担当編集者の馬庭あいさん、ライターの村越克子さん、カメラマンの村山玄子さん、しろっぷ村山さん、デザイナーの高橋朱里さん、DTPの秋本さやかさん、ありがとうございました。

そして、いつも私を支えてくれる家族のみんなへ、ありがとう☆

くぅちゃん

会社員の夫、中1、小4の2人の息子の4人家族。都内在住。看護師専門学校を卒業後、看護師に。結婚、出産で2回の転職を経て18年間、看護師を務める。共働きにもかかわらずお金がちっとも貯まらず、子どもの教育費など将来に不安を感じ始めたとき、主婦を読者層とする生活情報誌を読んで節約に目覚める。節約に手間も時間もかけない「時短節約家」として注目を集め、テレビや雑誌に登場多数。インスタグラムはフォロワー数10万人超。

Instagram : @megum.nakano

Blog : https://www.ku-chan-zitansetuyaku.work/

節約《せつやく》主婦《しゅふ》の今《いま》すぐ真似《まね》できる1000万円貯蓄《まんえんちょちく》

2021年7月7日　初版発行

著者／くぅちゃん

発行者／青柳 昌行

発行／株式会社KADOKAWA
〒102-8177　東京都千代田区富士見2-13-3
電話 0570-002-301（ナビダイヤル）

印刷所／凸版印刷株式会社

●お問い合わせ
https://www.kadokawa.co.jp/（「お問い合わせ」へお進みください）
※内容によっては、お答えできない場合があります。
※サポートは日本国内のみとさせていただきます。
※Japanese text only

定価はカバーに表示してあります。

ISBN 978-4-04-680615-4 C0077